運営協議会委員のための

国民健康保険必携

2024

改訂30版

改訂版によせて

昭和三十六年四月に達成された国民皆保険体制の下、国民健康保険制度は、わが国の医療保険制度の基盤として、また最後の砦として重要な役割を担ってきました。

しかしながら、低所得者、非正規雇用労働者、高齢者などを多く抱えていること、小規模保険者が多数存在すること、市町村間で医療費・保険料の水準に大きな格差があることなど、国民健康保険の運営には様々な問題があり、財政運営及び事業運営の両面にわたる抜本的な改革が急務の課題とされていたところです。

そういう中、皆保険達成以来最大の改正といわれる平成二十七年の改正により、国の財政支援が大幅に拡充されるとともに、平成三十年度から都道府県が市町村と共同で国民健康保険の運営を担うことになり、国民健康保険運営協議会についても都道府県及び市町村のそれぞれに設置されることとなりました。令和六年度は、国保運営方針の改定、退職者医療制度の廃止、第四期特定健診・特定保健指導等が実施されます。また、十二月にはマイナンバーカードと健康保険証の一体化に伴い、現行の被保険者証が発行されなくなります。

本書は、国民健康保険運営協議会の委員の方々に、制度の成り立ちや概要、事業の動向などについて十分な情報提供をすべく編集されています。また、国民健康保険制度に係る法令改正に合わせて毎年内容を見直し、現行法による改訂版が作成されております。

是非、座右に置かれ、制度の円滑な運営と発展のため、本書をご活用されることをお奨め致します。

令和六年六月

神奈川県立保健福祉大学名誉教授　山崎泰彦

目次

第一章　国民健康保険運営協議会

一　国民健康保険運営協議会とは

国民健康保険は、憲法に定める社会保障制度の一環として実施されているものです。これまで、住民に身近な行政主体である市町村により運営されてきたところですが、平成三十年度からは、新たに都道府県が財政運営の責任主体となり、市町村は、引き続き地域住民と身近な関係の中、地域におけるきめ細かな事業を担うこととされました。このため、その運営は、一般の行政と同様に、主なことは都道府県議会又は市町村議会に諮り、実際の運用は都道府県知事又は市町村長が行うことになります。

国民健康保険制度の基本的なことは、ほとんど、国民健康保険法等の法令で規定されていて、都道府県又は市町村独自の施策として実施できることは、比較的限られた範囲にとどまります。これは、国民健康保険制度が社会保障制度であるため、その中味は、できるだけ統一したものにすることが要求されるからです。しかし、国民健康保険が、地域住民を対象とし、都道府県・市町村の単位で実施されることから、それぞれの地域の特性に応じた運用もまた必要です。例えば、住民の構成とか、住民の経済力とか、医療機関の配置状況とかも考えなければなりません。

国民健康保険では、例えば、一部負担金の割合の引下げとか、出産及び死亡に関する給付の内容、傷病手当金（任意給付）の実施等給付内容の改善とか、保険料徴収方法等については、市町村の条例で定めることにされております。

これらのことについては、専門的な知識を必要とする面や、実施上の技術的な問題もあり、きめ細かい運用をするためには、市町村の場合は、いきなり、市町村議会に諮るよりも、関係者による専門的な意見交換や調査が行われたほうがよい面が多いと考えられます。

そこで、国民健康保険の運営に関し、必要な意見の交換や調査、審議、さらに市町村長への意見の具申等を行うために市町村に設けられたのが、国民健康保険運営協議会です。同様に、都道府県においても、平成三十年施行の改正国保法により国民健康保険運営協議会が設けられました。

二　市町村の国民健康保険運営協議会

市町村の国民健康保険運営協議会は、国民健康保険事業の運営に関する事項のうち、保険給付、保険料の徴収その他の市町村が処理することとされている事務に係る重要事項について、関係者により審議を行う場として設置されるものです。

三　市町村の国民健康保険運営協議会の仕組み

地域におけるきめ細かな事業の実施を担うこととなる市町村の国民健康保険運営協議会については、被保険者代表、保険医等代表及び公益代表の三者をその構成員とします。一方、被用者保険代表については市町村の国民健康保険運営協議会では任意の構成員と位置付けることとされますが、各市町村の実情を踏まえて適切に判断します。

委員の数については、被保険者代表、保険医等代表、公益代表については各同数とし、被用者保険代表については、任意の構成員であることに鑑み、他の各側の委員と同数を上限とします（例えば、被保険者代表、保険医等代表及び公益代表を各七名とした場合、被用者保険代表は七名以下となります。）。また、各側委員の具体的な人数については、各市町村の実情を踏まえて条例により決定します。

委員のうち、保険医や保険薬剤師は、町村内に数が少ないか、いない場合は、隣接市町村から求めても、差し支えないとされています。また、公益代表は、中立的な立場の人、特定の団体の利益を代表するおそれのない人であって、いわゆる学識経験者ということになりましょう。

委員は、特別職の地方公務員（市町村職員）であって、非常勤とされ、市町村長が任命することになっており、その任命に当たって、議会の同意等は必要ありません。しかし、地方公務員であるため、人事委員会委員、公平委員会委員との兼職は禁じられておりますが、市町村議会の議員との兼職は差し支えありません。

委員の任期については、平成三十年度より三年とされました。ただし、平成三十年四月一日前までに着任している委員については従前どおり二年の任期とし、施行日以後、新規に着任し、又は再任された委員については三年とします。

協議会には、会長と、会長に事故があるときに会長の代行をする会長代理が置かれ、これは、公益を代表する委員の中から、全委員の選挙によって選任されます。

協議会の議事、その他運営に関する細目は、協議会自体が、例えば、国民健康保険運営協議会規程のようなものを定めて、運用することになっております。

四　市町村の国民健康保険運営協議会の仕事

国民健康保険運営協議会は、国民健康保険の実施について、関係者が集まって相談するところですが、国民健康保険が市町村の事務とされているため、一般の行政のルールとしては、その執行の権限は市町村長にあり、立法の権限は市町村議会にあることになって、協議会の出る幕がなさそうです。協議会は、一体、どんな位置付けをされ、ここで決めたことは、どのように国民健康保険の運用に反映されていくのでしょうか。

国民健康保険運営協議会は、行政組織上は市町村の附属機関とされております。それは、地方自治法第二百二条の三に規定する附属機関であり、その設置は、国民健康保険法第十一条によるもので、市町村長の諮問機関ということになります。

したがって、協議会の答申や建議は、法理論上、市町村長を拘束するものではありません。しかし、その目的から見ても、その構成から見ても、協議会の意見は、最大限に尊重されなければならないものと考えられ、市町村長や市町村議会を道義的には拘束すると考えるべきではないでしょうか。また、事実各協議会は、このような役割を果たし、事実上国民健康保険事業の運営方針は、この協議会で決められているのが実態でしょう。

五　都道府県の国民健康保険運営協議会

都道府県の国民健康保険運営協議会は、国民健康保険事業の運営に関する事項のうち、国民健康保険事業費納付金の徴収、都道府県国民健康保険運営方針の作成、その他の都道府県が処理することとされている事務に係る重要事項について、関係者により審議を行う場として設置されるものです。

六　都道府県の国民健康保険運営協議会の仕組み

都道府県の国民健康保険運営協議会については、被保険者代表、保険医等代表、公益代表の三者を構成員とするとともに、国民健康保険の財政において被用者保険が拠出する前期高齢者交付金の割合が相当程度高く、国民健康保険の事業の運営の在り方が被用者保険の運営にも影響を与えることに鑑み、被用者保険代表も必ずその構成員とすることとします。

委員の数については、被保険者代表、保険医等代表及び公益代表については各同数とし、被用者保険代表についてはその数の半数以上同数以内とします（例えば、被保険者代表、保険医等代表及び公益代表を各七名とした場合、被用者保険代表は四名以上七名以下となります。）。また、各側委員の具体的な人数については、各都道府県の実情を踏まえて条例により決定します。委員の任期については、三年とします。

第二章　国民健康保険制度のあらまし

第一節　国民健康保険の生い立ち

わが国は、明治以来、近代国家として、欧米の諸制度をとり入れ、世界史上にも例を見ない急速な発展をしてきました。社会保障制度についても、明治初期の陸海軍人の恩給、次いで文官恩給、明治三十年代から大正にかけての官業諸企業の共済組合等の年金制度を中心に発展してきました。そして、大正十一年には、初めて、民間の労働者を対象とする健康保険法が制定され、昭和二年から実施されるに至りました。さらに、昭和十四年には、民間で初めての年金制度を含めた、総合的な社会保障である船員保険法が制定されました。これらの制度は、いずれも、軍人、官吏、官営企業、民間企業と、その対象者を把握しやすいものから実施されてきたといえましょう。

国民健康保険制度は昭和八年頃から検討が開始されました。そして、昭和十三年三月二日の帝国議会で国民健康保険法が成立し、同年七月から施行されるに至りました。

当初の国民健康保険は、任意設立の組合方式でした。しかし、敗戦の混乱と戦後のインフレーションで、その大半が運営不能、休止のやむなきに至ってしまいました。

戦後の社会保障制度充実の要請は、この壊滅した国民健康保険の復活を求めることとなってきます。各種の社会保険制度も今までの戦争政策、あるいは経済対策、治安対策という観点から、社会保障制度に変身することになるわけです。

昭和二十三年の改正では、保険者は原則として市町村とするということとされ、強制加入がとり入れられて、ここに公営主義が打ち出されたというよりも、社会保障制度としての色彩が色濃く打ち出されたものというべきでしょう。このときから国民健康保険組合は、どちらかといえば補完的な性格を持つようになったといってよいようです。

その後、何回かの改正を経て、昭和三十二年からの国民皆保険四カ年計画へと進んでいくわけです。この計画実施年次中の昭和三十三年には、国民健康保険法の全面改正が行われ、昭和三十四年一月、現行の国民健康保険法の施行となるのです。現行法では、従来の普通国民健康保険組合は廃止され、すべて市町村および特別区に吸収されることになります。そして、従来の特別国民健康保険組合が、特別の文字がはずれて、国民健康保険組合として、補完的な地位で残存することになりました。

このようにして、昭和三十六年四月には、一部の無医地区等を除いて、予定どおり国民皆保険が達成されます。そして、昭和四十七年五月十五日に沖縄が復帰し、昭和四十八年四月には全県で国民健康保険が実施されるようになりました。このあと、昭和四十九年四月に、残された鹿児島県の三島村および十島村が実施することによって、完全に全市町村に国民健康保険が普及し、国民皆保険が完成されました。

この間、給付内容についても、昭和三十八年からの世帯主七割給付、昭和四十三年には完全七割給付の実施、昭和四十八年十月から昭和五十年九月にかけて高額療養費制度のとり入れと、充実の方向に向かっております。診療報酬の審査支払いについても、昭和五十年九月からは全国決済制度がとり入れられ、国民健康保険被保険者証の全国通用へ大きく前進しております。こうして、国民健康保険は、昔の一地域の制度から、全国民の制度となってきました。

現在の国民健康保険制度は、昭和四十年代後半からの老人の医療費無料化等による医療費の急増と経済成長率の低下に伴う所得の伸びの鈍化で財政危機に直面しています。そのうち、老人の医療については、昭和五十八年二月に、高齢化社会の到来に備えた総合的な老人保健制度が実施され、老人加入割合の違いから生じる各種保険者間の負担の公平化が図られることになり、国保の負担は大幅に是正されることになりました。また、より一層、老人医療費の公平な負担を実現するため加入者按分率の見直しが行われ、平成二年度から百パーセントの加入者按分率になっています。

昭和五十九年には、人生八十年型社会にふさわしい医療保険制度の大改革が行われ、国民健康保険においても、高齢退職者及びその被扶養者のための退職者医療制度が創設されました。

また、昭和六十三年には、国保の構造的問題である、保険料負担能力の低い被保険者の加入割合が高いという問題や医療費の地域差問題等に対して、国、市町村に加えて新たに都道府県も参画し、国と地方が一体となって仕組みをつくることにより、国民健康保険事業の運営の安定化を図ることを目的とした国民健康保険法の改正が行われ、平成二年度には、こうした仕組みを恒久化する改正が行われました。

平成五年には、市町村国保財政のより一層の安定化を図ることを目的とし、平成四年から地方財政措置が講じられている「国保財政安定化支援事業」の制度化を図り、市町村一般会計から国保特別会計への繰入れの根拠を明確にするとともに、国保制度の抜本的改革までの暫定措置として、当面緊急に必要である、「保険基盤安定制度」に係る国庫負担を変更する改正が行われました。

平成六年には、健康保険制度の改正に伴って入院時食事療養費、訪問看護療養費等が創設されるなど保険給付に関する改正等が行われるとともに、療養取扱機関、国民健康保険医等が廃止されて、保険医療機関、保険医等となっています。

平成十四年には、三歳未満の乳幼児の給付率の八割への引き上げ、老人保健制度の対象年齢の引き上げに伴う七十歳以上の被保険者に対する給付の実施、外来薬剤一部負担金の廃止が行われました。

平成十七年四月には、新たに都道府県財政調整交付金が導入されたことに伴い、療養給付費負担金の国庫補助率は、従来の算定対象額の百分の四十から百分の三十四（平成十七年度に限り百分の三十六）に改正されました。

平成十八年十月には、健康保険制度の改正により、現役並み所得を有する高齢者の患者負担の見直し（二割→三割）が行われました。

平成二十年四月からは後期高齢者医療制度の創設、退職者医療制度の廃止、一般の高齢者の患者負担の見直し、高額介護合算療養費の創設、医療保険者に対する生活習慣病予防のための特定健診・特定保健指導の実施等が行われました。

平成三十年度からは、平成二十七年度に成立した持続可能な医療保険制度を構築するための国民健康保険法等の一部を改正する法律により、国民健康保険の財政運営責任等が市町村から都道府県へ移行し、都道府県が中心的な役割を果たすことになるという運営の在り方の見直しが図られました。

平成三十一年度は、高齢者の保健事業と介護予防を一体的に実施する枠組みの構築が行われました。

令和に入ると、令和二年度には、国民健康保険料（税）の賦課（課税）限度額の見直し、低所得者に係る国民健康保険料（税）の軽減判定所得の見直し、電子資格確認に係る規定、被保険者記号・番号等の告知要求制限に係る規定の施行が行われました。

令和三年度には、電子資格確認の導入、保険料軽減判定基準額に係る見直し、有効期限切れとなった国民健康保険被保険者証等について市町村の判断により自己破棄を可能とした見直し、特定疾病療養受療証等の性別欄の削除、保健事業における健診情報等の活用促進、国民健康保険等の一部負担金軽減に係る申請の不要化が行われています。

令和四年度には、子どもに係る国民健康保険料等の均等割額の減額措置の導入、国民健康保険の財政安定化基金を、都道府県が国民健康保険事業費納付金の著しい上昇抑制等のために充てることを可能とした見直し、国民健康保険料（税）の賦課（課税）限度額の見直しが行われています。

また、令和五年度には、保険料（税）の賦課（課税）限度額の見直し、低所得者に係る国民健康保険料（税）の軽減判定所得の見直し、保険医療機関・保険薬局におけるオンライン資格確認の導入の原則義務づけ、出産育児一時金の額の引き上げが行われています。

第二節　社会保障制度としての国民健康保険

社会保障の体系の中で、国民健康保険は、社会保険の一つとされています。社会保険は、その被保険者の拠出を主な財源として、病気、けが、出産、死亡のほか、老齢、障害、失業等の事故に対して、必要な給付を行い、生活の安定を図ることを目的とした相扶共済の制度です。すなわち、保険の方式を用いて、生活困窮の原因が生じたとき、経済的な保障をしようとするものです。

わが国では、昭和三十六年以降、国民皆保険、国民皆年金の体制が敷かれたといわれております。これは、全国民が、何らかの医療保険および年金保険の制度に加入し、病気やけがをした場合は、医療保険により、老齢になったり、障害者になったり、生計中心者を失ったときは、年金保険によって、それぞれ必要な給付が受けられる体制になっているということです。

国民健康保険は、この国民皆保険の中核となる医療保険です。すなわち、職域を対象とする健康保険や各種共済組合の被保険者、組合員やその被扶養者以外の人を対象とするもので、医療保険制度の基盤的な役割を果たす制度です。国民健康保険に加入する被保険者は、農業、自営業者、無職の人、零細企業の従業員やその家族の人たちで、職域単位での制度でカバーしきれなかった人たちを、地域を単位に把握して構成する医療保険制度であるということができます。

第三節　国民健康保険の運営

国民健康保険は、保険の技術を用い、加入者の相扶共済を図る社会保障制度です。ここで、生命保険や損害保険等の一般の私保険と違う点に注目しなければなりません。それは、公的な強い管理体制のもとにあって、加入は強制であるということです。すなわち、本人の意思にかかわらず、強制的に加入させられ、その運営は、国の責任において行われるわけです。これは、他のすべての社会保険についてもいえることです。

このように、社会保険は国の責任で運営されるわけですが、具体的にはどうなっているかを見てみたいと思います。

被用者を対象とする健康保険は、公法人である健康保険組合と健康保険組合員以外の者については政府、各種の共済組合はそれぞれ公法人である共済組合、船員保険は政府、国民年金や厚生年金保険も政府が、それぞれ経営主体（保険者）になり、それぞれの独立採算（もちろん、一定の国庫負担はありますが……）で運営されております。

国民健康保険の場合は都道府県及び市町村（特別区を含みます）と国民健康保険組合が、その経営主体（保険者）となっております。

これらの経営主体のことを保険者といいます。

一　国民健康保険の保険者

国民健康保険の保険者は、いま述べたように、都道府県及び市町村（特別区）と国民健康保険組合です。このほか、例外的には、都道府県及び市町村の事務の一部を共同して行うものとして、地方自治法による地方公共団体で、一部事務組合や広域連合というものがあります。

都道府県は国民健康保険の財政運営の責任主体として中心的な役割を担い、市町村は、地域住民と身近な関係の中、資格管理、保険給付、保険料率の決定、賦課・徴収、保健事業等の地域におけるきめ細かい事業を担うこととされています。また、都道府県は、都道府県等が行う国民健康保険の安定的な財政運営並びに当該都道府県内の市町村の国民健康保険事業の広域的及び効率的な運営の推進を図るため、県内の各市町村の意見を聴いた上で都道府県国民健康保険運営方針を定め、各市町村においても、これを踏まえた国民健康保険の事務の実施に努めることとされています。また、都道府県は、広域的又は医療に関する専門的な見地から保険給付の点検調査等を行うことが可能です。

次に、国民健康保険組合というのは、どちらかといえば、補完的なものといえるようです。これは、一定の市町村の区域に居住する同業の人たちで組織し運営されるものですが、市町村の行う国民健康保険事業に支障をきたさない範囲でしか認められないことになっております。すなわち、国民健康保険の運営は、あくまで市町村を中心に考えられてきていました。これは、国民健康保険が農山漁村から育ち、地域住民の連帯意識の中で運営されてきたという歴史的背景があるためです。

そうした中、現在までの国保制度は、医療機関の配置が不均衡であり、また、市町村間にある大きな経済格差からくる負担の不公平の問題については、国が交付金を出すことによって財政の調整を図るように仕組まれていたわけです。その中で、国保財政の健全化と安定的な運営を図るため、国保の財政運営の責任主体を都道府県に移行することを柱とした国保法の改正法案が平成二十七年五月に成立し、これにより、平成三十年四月から、新たな体制の下での国保運営が開始されたわけです。

二　国民健康保険は都道府県及び市町村の自治事務

国民健康保険は、社会保障制度の一環をなすものですが、運営主体は都道府県及び市町村です。従前市町村が行っていた国民健康保険の保険者事務は、かつては法令により地方公共団体の事務とされる「団体委任事務」と位置付けられていましたが、平成十二年四月から施行された「地方分権の推進を図るための関係法律の整備等に関する法律」による地方自治法改正に伴い、新たに「自治事務」として位置付けられています。

地方分権の推進に伴う地方自治法の改正により、平成十二年四月から、地方公共団体の長を国の機関と構成して国の事務を処理させる仕組みである機関委任事務が廃止されるとともに、地方公共団体の事務に係るいわゆる三事務区分（公共事務、団体委任事務、行政事務）についても見直しが行われ、地方公共団体の事務は「自治事務」と「法定受託事務」の二つに再構成されることとなりました。

これは、地方自治法第一条の二第一項で「地方公共団体は、住民の福祉の増進を図ることを基本として、地域における行政を自主的かつ総合的に実施する役割を広く担うものとする」とされ、同条第二項では「国は、国が本来果たすべき役割を重点的に担い、住民に身近な行政はできる限り地方公共団体にゆだねることを基本として、地方公共団体との間で適切に役割を分担する」こととされていることから、地方公共団体が処理する事務のうち、国が本来果たすべき責務に係るものであって、国民の利便性又は事務処理の効率性の観点から地方公共団体が処理するものとして法令に定めるものを法定受託事務とし、法定受託事務以外のものを自治事務とするものです。

この改正により、国と地方公共団体が分担すべき役割が明確化され、地方公共団体の権限が拡大したほか、自治事務に対する国の関与等についても抜本的な見直しが行われ、地方公共団体の自主性・自立性がより一層図られることとなりました。具体的には、国等の関与については法令の根拠が必要とされ（地方自治法第二百四十五条の二）、関与は必要最小限のものとすること（同第二百四十五条の三）などとされています。

三　国民健康保険特別会計

国民健康保険は、都道府県及び市町村が行う公営事業です。すなわち、保険料（税）、国庫負担金、その他の収入金を財源として、保険給付を中心とする事業を行うものです。このため、都道府県及び市町村の事務の中では、一つの独立事業的な性格を有するため、特別会計を設けて、独立採算で経理されることになっております。事業といっても、民間の営利事業とは異なり、収益を目的とするものでないことは、いうまでもありません。

特別会計というのは、特定の収入によって、特定の支出に充てるために、一般会計から独立して経理を行うもので、通常、都道府県又は市町村の条例によって定められるものです。国民健康保険事業については、国民健康保険法第十条の規定によって、都道府県及び市町村に対して、特別会計の設定を義務付けておりますので、条例の制定は要しないと解されております。

国民健康保険特別会計では、市町村が国民健康保険直営の病院または診療所を持っているときは、一般の国民健康保険事業と区分して経理を行うこととされております。すなわち、一般事業のほうは、事業勘定として、直営の診療施設の運営のほうは、直営診療所勘定として、それぞれ区分されるようになっているわけです。

国民健康保険事業は、特別会計を設けて、独立して経理を行うものだと述べてきましたが、地方公営企業法の適用を受ける公営企業特別会計のように、完全な独立採算が要求されるものとは解するべきでないと考えられます。国民健康保険事業は、地域住民の福祉増進の一端を受け持つものであり、一般の福祉行政と無縁ではありえないものです。例えば、老人医療や乳幼児医療とか、保健師活動とか、直営診療施設の活用のように、一般の福祉あるいは保健行政と多分に重複したり、共同して行ったりする面があるわけです。そこで、この部分の事業実施の経費が、国民健康保険事業の独自の財源である保険料（税）や国庫負担金のみで賄われることは、負担の公平という見地から、どうかと考えられる面もあるのです。この面では、必要に応じて、財源の一部を一般会計から国民健康保険特別会計へ繰入れるべきではないかと考えられましょう。

四　都道府県国民健康保険運営方針

1　都道府県国民健康保険運営方針とは

平成三十年度からの国保の都道府県単位化に伴い、都道府県は、都道府県及び当該都道府県内の市町村の国民健康保険事業の運営に関する方針（以下「都道府県国民健康保険運営方針」といいます。）を定めるものとされました。

本方針は法第八十二条の二によると「都道府県等が行う国民健康保険の安定的な財政運営並びに当該都道府県内の市町村の国民健康保険事業の広域的及び効率的な運営の推進を図るため」定めるものとされます。

平成三十年度以降の新制度においては、都道府県が財政運営の責任主体として中心的な役割を担うこととされている一方、市町村においても、地域住民と身近な関係の中、資格管理、保険給付、保険料率の決定、賦課・徴収、保健事業等の地域におけるきめ細かい事業を引き続き担うこととされています。

そこで、新制度においては、都道府県とその県内の各市町村が一体となって、財政運営、資格管理、保険給付、保険料率の決定、保険料の賦課・徴収、保健事業その他の保険者の事務を共通認識の下で実施するとともに、各市町村が事業の広域化や効率化を推進できるよう、都道府県が県内の統一的な国民健康保険の運営方針を定める必要があります。その策定等に資するものとして「都道府県国民健康保険運営方針策定要領（以下「策定要領」）が定められています（最終改訂：令和五年六月二十日保発〇六二〇第一号）。

このため、都道府県は、県内の各市町村の意見を聴いた上で、都道府県国民健康保険運営方針を策定することとされ、各市町村においても、これを踏まえた国民健康保険の事務の実施に努めることとされたものです。

都道府県は、「地域医療構想」やこれを含む「医療計画」をはじめとして、「都道府県医療費適正化計画」、「都道府県健康増進計画」、「都道府県介護保険事業支援計画」等との整合性をとりながら、地域の実情に応じた方針を示すことが重要とされます。国民健康保険運営方針の対象期間は、医療費適正化計画や医療計画等との整合性の観点を踏まえ「おおむね六年」とされています。

２　都道府県国民健康保険運営方針に定める事項

国民健康保険運営方針には、次に掲げる事項を定めるものとされています。

①　国民健康保険の医療に要する費用及び財政の見通し
②　市町村における保険料の標準的な算定方法及びその水準の平準化に関する事項
③　市町村における保険料の徴収の適正な実施に関する事項
④　市町村における保険給付の適正な実施に関する事項
⑤　都道府県等が行う国民健康保険の安定的な財政運営及び被保険者の健康の保持の推進に関し、当該都道府県における医療費適正化の推進のために必要と認める事項

⑥　当該都道府県内の市町村の国民健康保険事業の広域的及び効率的な運営の推進に関する事項
（法第八十二条の二第二項関係）

また、国民健康保険運営方針には、上記の事項のほか、おおむね次に掲げる事項を定めるものとされています。
⑦　保健医療サービス及び福祉サービスに関する施策その他の関係施策との連携に関する事項
⑧　②～⑦に掲げる事項の実施のために必要な関係市町村相互間の連絡調整その他都道府県が必要と認める事項
（法第八十二条の二第三項関係）

現在、平成三〇年度改革が概ね順調に実施されており、引き続き、財政運営の安定化を図りつつ、「財政運営の都道府県単位化」の趣旨の深化を図るため、令和三年度からの国保運営方針に基づき、都道府県と市町村の役割分担の下、①法定外繰入等の解消、②保険料水準の統一に向けた議論、③医療費適正化の更なる推進の取り組みが進められています。

また、令和六年以降の新たな国保運営方針を策定し、都道府県単位化の更なる深化を図るための取組を進めることとされています。

第四節　国民健康保険に関する条例のつくり方

一　条例とは

条例というのは、地方公共団体が、その事務を運用するために議会の議決によって制定する自主法のことで、これは、憲法第九十四条の、地方公共団体は「法律に違反しない限りにおいて……条例を制定することができる」という規定を受けた地方自治法第十四条の規定に基づくものです。条例は、地方公共団体が制定するものですから、国会の議決によって制定される法律に拘束されるのは当然ですが、内閣が制定する政令あるいは各省大臣の発する省令などにも違反することはできないとされております。条例は、それを定めた地方公共団体の区域内においてのみ適用される法規ということができますが、国の法令との間に矛盾抵触することなく、国の法令とともに、全体としての法秩序を形成しているということができましょう。なお、地方公共団体の法規としては、条例のほかに、地方公共団体の長がその権限に属する事務に関し制定する規則、他の執行機関がそれぞれの所管事項について定める人事委員会規則、教育委員会規則、公平委員会規則などがあります。

二　国民健康保険と条例

都道府県及び市町村の国民健康保険事業は、地方自治法第二条第八項に定める自治事務に該当し、条例あるいは、これに基づく規則（国民健康保険運営協議会規則等）を制定して運営されることになるわけです。しかし、国民健康保険の事務に関しては、国民健康保険法に、被保険者の資格、保険給付等の基本的なことは規定されております。したがって、条例で定める事項は、任意給付、保健事業、保険料（税）に関することということになります。この中で、最もウエイトの大きいのは、保険料（税）に関するものでしょう。保険料（税）は法令の基準に従いますが、各市町村にかなりの部分が委ねられています。保険制度にとって、保険料（税）は保険給付とともに最も重要な基本事項です。にもかかわらず、これを国民健康保険法で定めず条例に委任したのは、各市町村間に産業構造、財政力、医療機関分布等に大きな違いがあるためです。法律に定められた水準の給付を確保するための財源の大きさ、その確保の方法、住民への負担の配分の仕方等は、それぞれの市町村の事情に合わせて決めるのが合理的だと考えられたからです。被保険者の保険料（税）率について単に負担の額という見地からだけ見れば、原則として、全保険者（市町村）を通じて同一所得、同一保険料（税）ということが望ましいのはいうまでもありません。しかしながら、市町村の規模、能力あるいは地域的条件、住民の経済力などには、それぞれに特殊性や差異があって、財政の裕福な市町村では法定水準を超える給付や任意給付を実施することもできますし、医療機関の設置状況によって医療費の面でも格差が出てきます。国民健康保険は、一口にいって医療費を賄うために保険料（税）を賦課し徴収するのですから、医療費に対応して保険料（税）率も違ってくるのは当然です。このように各市町村の実態が異なっている現段階において、それらの事情を度外視して全国一本の保険料を採用することは、真の意味での負担の公平を図ることにはなりません。したがって、保険料（税）の賦課方法や料（税）率などは市町村が条例で定めることのほうが妥当であり、また必要でもあるということから、条例に委任されているものです。

三　条例の制定範囲

条例は、地方公共団体の自主法ですから、そこに規定できる事項はその地方公共団体の事務に限られることはいうまでもありません。また、法令に違反しない限りにおいて、自治事務、法定受託事務のすべてについて条例を制定し得ることになります。なお、義務を課し、または権利を制限するには、法令に特別の定めがある場合を除くほか、条例によらなければならないとされております。

このほか、条例には普通地方公共団体の長は、条例が「あらたに予算を伴うこととなるものであるときは、必要な予算上の措置が適確に講ぜられる見込みが得られるまでの間は、これを議会に提出してはならない」（地方自治法第二百二十二条）という制限があります。この場合、「必要な予算上の措置が適確に講ぜられる見込みが得られるまでの間」とは、必ずしも、条例に必要な予算が成立している必要はなく、必要な財源の見通しが得られることをいい、具体的には既定予算の範囲内において処理し得ると認められる場合のほか、関係予算案が議会に提案されたときをもって、見込みが得られたときとされています。この場合、その条例案の提案と同時に関係予算案が提出されれば問題はありませんが、計算整理等の都合上遅れることはあっても、同一会期中でなくてはなりません。

なお、議員提案の条例については、特に制限はありませんが、この趣旨を尊重して運営されるべきでしょう。

次に、都道府県の条例と市町村の条例の間には、原則的にはその効力に上下はないとされています。したがって、一方が他方を拘束するような条例を制定することはできません。同一地方公共団体の条例間では後法優先、特別法優先の原則に従い、条例と規則の間では、制定手続や罰則から見て条例が優先するとされています。条例は、地方公共団体の住民だけでなく、その区域内にあるすべての人に対して効力をもつのが原則ですが、例外として特定の人や施設に限定して適用されるもの（地方公務員関係の条例、公の施設関係の条例など）があります。

四　条例の制定改廃手続

条例の制定改廃は、議会の議決によらなければなりませんが、その例外として、一定の要件のもとに長かぎりで、専決処分の機能が認められているものもあります。この場合、長は、次の議会にこれを報告してその承認を得なければなりません。条例の発案権は、一般的には議会の議員および長の双方にありますが、議決機関と執行機関が分立しているところから、例えば、議会の委員会の設置等の条例は議員に、地方事務所や部課の設置条例等は長に専属するというように、発案権が議員または長のいずれか一方に専属しているものがあります。議員が試案を提出するにあたっては、議員の定数の十二分の一以上の者の賛成がなければなりませんし、また、議案を提出するときは、文書をもってしなければなりません。なお、住民も選挙権を有する者の総数の五十分の一以上の連署をもって、その代表者から長に対し条例（地方税の賦課徴収ならびに分担金、使用料および手数料の徴収に関するものを除きます）の制定改廃を請求することができます。この場合、長は請求を受理した日から二十日以内に議会を招集し、意見を付けて提出された条例案の原案を議会に付議し、結果を代表者に通知するとともに、これを公表しなければなりません。条例案の議決は、原則として出席議員の過半数で決し、可否同数のときは議長の決するところによります。議長は、条例の制定改廃について議決があったときは、三日以内に長に送付しなければなりません。長が、その条例に異議があるときは、その送付を受けた日から十日以内に、理由を付して再議に付すことができます。再議に付した場合に、出席議員の三分の二以上が原案に同意するとその条例は確定することになります。

五　条例の公布施行

長は、議決された条例の送付を受けた場合に、再議その他の措置を講ずる必要がないと認めるときは、その日から二十日以内に、これを公布しなければなりません。条例の施行日について特別の定めがないときは、公布の日から十日を経過した日から施行されることとされています。なお、条例が公布されると都道府県の場合は二十日以内、市町村は三十日以内に、それぞれ総務大臣または都道府県知事に報告しなければなりません。

六　条例と罰則

条例は、法規としての実効性を保障するため、それぞれ罰則を定めることが認められています。つまり、地方公共団体は、法令に特別の定めがあるものを除くほか、その条例中に、条例に違反した者に対し、二年以下の懲役もしくは禁錮、百万円以下の罰金、拘留、科料、没収の刑又は五万円以下の過料を科する旨の規定を設けることができます。ただ、これらの罰則は過料以外はすべて刑事罰であり、地方公共団体の自治権には司法権が含まれておりませんので、この処分は裁判所が管轄することになります。しかし、国民健康保険は、その事業の性格と目的から刑事罰を科することとせず、同法第百二十七条では、条例で市町村は「被保険者の資格取得および喪失に関する事項その他必要な事項の届出をせず、もしくは虚偽の届出をしたときまたは被保険者証の返還を求められてこれに応じないときは十万円以下」、「文書物件の提出、提示、応答の義務に対する違反または虚偽の答弁をしたときは十万円以下」、「虚偽、不正行為により保険料その他の徴収金の徴収を免がれたときは、免がれた額の五倍以下の額」の過料を科することができるとしています。したがって、市町村はこれを超える罰則を定めることはできず、また、条例以外の規則等で罰則を定めることもできません。なお、この過料というのは、懲役や罰金のような刑事罰ではなく、行政罰ですから、市町村長が処分するものです。この処分を受けた者は都道府県知事に（市町村長がした処分について）不服審査の申立が認められております（地方自治法第二百五十五条の三）。

七　条例で規定する事項

国民健康保険法、同法施行令、同法施行規則は、個別的に都道府県又は市町村が条例で定める事項を規定しています。これらの法令で条例に委任した事項は次のとおりです。
1　一部負担金の割合の法定割合以下への引下げ（法第四十三条第一項）
2　出産および死亡に関する給付の内容（法第五十八条第一項）
3　傷病手当金の支給その他の保険給付（任意給付）の実施（法第五十八条第二項）
4　保険料の減免または徴収猶予（法第七十七条）
5　国民健康保険保険給付費等交付金の交付（法第七十五条の二第一項）
6　国民健康保険事業費納付金の徴収（第七十五条の七第一項）
7　保険料の賦課および徴収、その他保険料に関し必要な事項（法第八十一条）
8　戸籍に関する無料証明（法第百十二条）
9　特別区、政令で指定する市における被保険者証の交付に関する特例（法第百十七条）
10　届出等に関する過料（法第百二十七条）
11　国民健康保険運営協議会の委員定数（法第十一条第四項、令第三条第二項）
12　審査会に出頭した関係人等に対する旅費等（法第百一条、令第三十八条）
13　特別事由ある者として被保険者としないもの（法第六条第十一号、規則第一条）

以上が国民健康保険法令等で条例に委任された事項ですが、これらの事項について条例に規定する場合、国の法律や政令、省令の規定と異なる規定を設けることができないことは既に述べたとおりです。

第五節　国民健康保険の被保険者

被保険者とは、一般に保険制度において、その保険目的である保険事故が発生した場合に、保険される主体として損害等の塡補を受ける者であるといわれています。

この関係は、社会保険でも同様ですが、私保険と異なり、一定の要件に該当する者は法律上当然に被保険者となるのであり、その権利および義務も法律の定めによっています。

被用者保険の場合は、保険される主体を被保険者と被扶養者に分けていますが、国民健康保険の場合は世帯主とその世帯に属する者に分けており、いずれも被保険者ですが、世帯主は保険料（税）の納付義務その他の義務を負っています。したがって、被用者保険でいう被扶養者は、国民健康保険では被保険者です。

一　強制適用

被保険者は一定の要件に該当すれば、法律上当然に保険関係が設定されて、被保険者となります。これを強制適用と呼びますが、このように保険料（税）の負担を伴う地位を法律で強制的に取得させることが憲法違反ではないかということが、法廷で争われたことがあります。しかし、最高裁判所は、一定の資格を有する者を国民健康保険に強制加入させることは憲法のいずれの条文にも反しないという判断を示しました。

二　市町村が行う国民健康保険の被保険者

被保険者の資格は国民健康保険法第五条に「都道府県の区域内に住所を有する者は、当該都道府県が当該都道府県内の市町村とともに行う国民健康保険の被保険者とする」と規定されています。これによって、都道府県の区域内に住所を有することにより、当事者の意思にかかわらず、また届出の有無にかかわらず当然に被保険者となります。

したがって、あとで説明する被用者保険の適用を受ける者等の一定の者を除き、その都道府県の区域内に住所を有する者は、当然に被保険者となるわけです。

昭和六十一年度から国民健康保険が外国人にも適用されるようになりました。現在、適用対象となる外国人は、原則として出入国管理及び難民認定法の規定による在留資格をもって本邦に在留する者であって被保険者の資格を取得しているもの及び、興行・技能実習等の在留資格を有するものであって資料等により三月を超えて滞在すると認められるものです。ただし、平成二十七年には、観光や保養を目的として来日する者で、一定の要件を満たすものについては、被保険者としないことが規定されました。また、平成三十一年四月からの新たな在留資格である「特定技能一号」及び「特定技能二号」の創設を踏まえ、政府においては、外国人の社会保険への加入促進、医療保険の適正な利用の確保に向けた取組を進めており、国民健康保険に係るものとして、令和元年五月二十二日に被保険者の資格の得喪に関し、市町村が関係者に報告を求めることができる旨を明確化するなどの施策を実施しています。

なお、被保険者の属する世帯の世帯主は、資格の取得に関し届出義務を負っています。

「外国人材の受入れ・共生のための総合的対応策」（平成30年12月25日）の医療保険関係ポイント

（医療保険の適正な利用の確保）

○　健康保険について、引き続き、海外居住者の被扶養認定の厳格な認定を実施
また、健康保険の被扶養者や国民年金第３号被保険者の認定において、原則として国内居住要件を導入し、その際、一定の例外を設ける【令和元年5月22日公布、令和2年4月1日施行】

○　国民健康保険について、在留資格の本来活動を行っていない可能性があると考えられる場合に市町村が入国管理局に通知する枠組みについて、通知対象を拡大【平成31年1月7日通知発出】
また、被保険者の資格の得喪に関し、市町村が関係者に報告を求めることができる旨を明確化【令和元年5月22日公布、同日施行】

○　出産育児一時金について、審査を厳格化【平成31年4月1日通知発出】

○　なりすましについて、医療機関が必要と判断する場合に、本人確認書類の提示を求めることができるよう必要な対応を行う【令和2年1月10日通知発出】

（社会保険への加入促進）

○　国民健康保険について、市町村において、離職時等に、年金被保険者情報等を活用しながら行う加入促進の取組を推進【平成31年3月29日通知発出】

○　新たな在留資格による外国人（本年４月からの特定技能１号・２号）について、上陸許可や在留資格変更許可等をした外国人の身分事項等を法務省から厚生労働省等に提供し、関係機関において、当該情報を活用しながら所要の確認や適用、必要に応じた加入指導等を実施【令和2年4月から実施】

○　新たな在留資格による外国人（本年４月からの特定技能１号・２号）について、国民健康保険・国民年金の保険料を一定程度滞納した者からの在留期間更新許可申請等を不許可とする【平成31年4月1日より実施】

三　退職被保険者等

退職者医療制度が創設される以前は、会社や事業所に勤務し、いわゆるサラリーマンとして生活してきた人達は、高齢となって退職した後は国民健康保険に加入することになるため、医療の必要性の高まるときに給付水準が低下し、また、その医療費の負担について、主として国庫と他の国保加入者（自営業、農業者等）に依存するという不合理が生じていました。

このような不合理を是正するため、退職者医療制度が昭和五十九年十月から実施されました。

なお、新しい高齢者医療制度の創設とともに、退職者医療制度は平成二十年四月に廃止となっています。ただし、平成二十六年度までの間における六十五歳未満の退職者を対象として経過措置を設け、現行制度が存続されてきましたが、対象者の激減に伴い保険者間の財政調整効果がほぼ無くなっている一方、保険者等の事務コストが継続しているため、業務のスリム化、事務コストの削減を図る必要があり、令和六年四月に、前倒しして制度が廃止されました。

（参考）

1　退職被保険者

平成二十六年度までの間において、市町村が行う国民健康保険の被保険者（六十五歳に達する日の属する月の翌月（その日が月の初日であるときは、その日の属する月）以後であるものを除きます）のうち、次に掲げる法令に基づく老齢又は退職を支給事由とする年金たる給付を受けることができる者であって、これらの法令の規定による被保険者、組合員若しくは加入者であった期間（当該期間に相当するものとして政令で定める期間を含みます）またはこれらの期間を合算した期間（以下この項及び附則第二十条において「年金保険の被保険者等であった期間」といいます）が二十年（その受給資格期間たる年金保険の被保険者等であった期間が二十年未満である当該年金たる給付を受けることができる者にあっては、当該年金たる給付の区分に応じ政令で定める期間）以上であるか、または四十歳に達した月以後の年金保険の被保険者等であった期間が十年以上であるものに該当する者が対象となります。ただし、当該年金たる給付の支給がその者の年齢を事由としてその金額につき停止されている者を除くこととしています。

(一)　厚生年金保険法
(二)　恩給法（大正十二年法律第四十八号。他の法律において準用する場合を含みます）
(三)　国家公務員共済組合法
(四)　国家公務員共済組合法の長期給付に関する施行法（昭和三十三年法律第百二十九号）
(五)　地方公務員等共済組合法
(六)　地方公務員等共済組合法の長期給付等に関する施行法（昭和三十七年法律第百五十三号）
(七)　私立学校教職員共済法
(八)　地方公務員の退職年金に関する条例
(九)　旧令による共済組合等からの年金受給者のための特別措置法（昭和二十五年法律第二百五十六号）

2　退職被保険者の被扶養者

市町村が行う国民健康保険の被保険者（六十五歳に達する日の属する月の翌月（その日が月の初日であるときは、その日の属する月）以後であるものを除きます）のうち、退職被保険者の直系尊属、配偶者（届出をしていないが事実上婚姻関係と同様の事情にある者を含みます）その他三親等内の親族等であって、退職被保険者と同一の世帯に属し、主として《（注）》退職被保険者により生計を維持するものが対象となります。

（注）退職被保険者の被扶養者の認定について

㈠、認定対象者の年間収入が一三〇万円未満（認定対象者が六十歳以上の者である場合又は概ね厚生年金保険法による障害厚生年金の受給要件に該当する程度の障害者である場合にあっては一八〇万円未満）であって、かつ、退職被保険者の年間収入の二分の一未満である場合は、原則として被扶養者に該当するものとすること。

㈡、前記㈠の条件に該当しない場合であっても、当該認定対象者の年間収入が一三〇万円未満（認定対象者が六十歳以上の者である場合又は概ね厚生年金保険法による障害厚生年金の受給要件に該当する程度の障害者である場合にあっては一八〇万円未満）であって、かつ、退職被保険者の年間収入を上回らない場合には、当該世帯の生計の状況を総合的に勘案して、当該退職被保険者がその世帯の生計維持の中心的役割を果たしていると認められるときは、被扶養者に該当するものとして差し支えないこと。

㈢、前記㈠および㈡により被扶養者の認定を行うことが実態と著しくかけ離れたものとなり、かつ、社会通念上妥当性を欠くこととなると認められる場合には、その具体的事情に照らし最も妥当と認められる認定を行うものとすること。

（昭和五十九年八月二十七日保発第七十九号保険局長通知）

（注）退職被保険者の被扶養者に係る適用について

退職被保険者の被扶養者（以下、「退職被扶養者」という）の適用漏れについて、会計検査院より指摘を受けています。これを踏まえ、健康保険法施行規則等の一部を改正する省令（平成二十年厚生労働省令第七十七号。以下「改正省令」という）により所要の改正を行い、退職被扶養者について職権適用できることとするとともに、適用事務の改善を図ることとしました。

㈠　退職被扶養者の職権適用

改正省令第五条による改正後の国民健康保険法施行規則（昭和三十三年厚生省令第五十三号）附則第六条第三項

の規定により、退職被扶養者につき届け出られるべき事項について市町村が公簿等により確認することができる場合には、当該届出を省略し、退職被扶養者として適用できるものであること。

(二)　退職被扶養者の適用事務の改善例と、基本的な流れ

①　国保被保険者情報から退職被保険者と同じ世帯に属する者について機械的に抽出し、別紙の処理票に出力する。

②　出力された処理票を活用し、住民税用に市町村が所有している収入情報等により要件審査を行う。

市町村において、収入情報等により扶養されていることが確認できる場合には、届出を省略できるものとし、職権適用を行う。

また、収入情報等のみでは扶養されていることが確認できない場合は、個別訪問や電話により、扶養関係を徹底的に調査し、確認できたものから順次届出を受け、適用を行う。

上記②における「収入情報等により扶養されていることが確認できる場合」とは、以下の条件を全て満たす場合とする。

処理票に出力された退職被扶養者として未適用の疑いのある者について、

(ア)　退職被保険者本人の三親等以内の親族であること。

(イ)　住民税の配偶者控除又は扶養控除の対象であること

(ウ)　前年の収入額が一三〇万円未満（六十歳以上又は障害者については一八〇万円未満）で、退職被保険者本人の収入の二分の一未満であること

なお、前年以前において(ア)～(ウ)の条件を全て満たすことが確認できる場合は、その確認ができた時点においても、遡及して退職被扶養者として適用を行うことができるものとする。

この場合は、併せて、振替整理処理により、前年度以前の療養給付費等負担金及び療養給付費等交付金の調整を行うこと。

（平成二〇年三月三一日保国発第〇三三一〇〇一号保険局国民健康保険課長通知）

四　住　所

次に住所の認定が問題となります。

住所とは何かについて国民健康保険法には定義がなく、民法第二十二条の「各人ノ生活ノ本拠ヲ以テ其住所トス」という規定によることとなります。何を「生活の本拠」というかがさらに問題となりますが、一般に一定の地を生活の本拠とするという意思と、その地に常住するという事実の二つの標準があると考えられています。

住所については、昭和四十二年に住民基本台帳法が施行されましたが、この法律は、市町村における住民の居住関係の公証その他、住民の住所に関する事務処理の基礎とするとともに、住民に関する記録を正確かつ統一的に行う目的で制定されたものです。住民基本台帳上の住所は、地方自治法第十条の住民としての住所と同一であり、各人の生活の本拠をいうものであるとされています。国民健康保険法上の住所は住民基本台帳上の住所と異なるものではありませんが、形式的な住所移転の届出があった場合など、住民基本台帳に記載されているから直ちにその地に住所があるということにはなりません。国民健康保険における住所は被保険者資格の有無を判断するものですから事実関係を客観的に判断する必要があります。

むしろ住民基本台帳の記載は住所認定の際の参考資料と考えるべきものです。

なお、学説では、二以上の住所を認める考え方がありますが、国民健康保険の場合、住所は被保険者資格の基準となりますので、同一人について複数の住所を認めれば、同一人が数個の市町村との関係で被保険者となることになります。したがって、国民健康保険では、住所は一カ所に限ると考えることが妥当です。

◎住所認定の具体例

実務上の問題として画一的な住所認定基準を定めることは難しく、具体的な事例について解釈例規が示されていますので、その主な認定例についてみてみましょう。

①短期滞在者　当初から他方へ転出することが予定されている、ごく短期（半月ないし一カ月程度）の滞在者は、国民健康保険の性格から考えて住所を有する者としないことが適当と考えられます。

②別居している家族　家族と離れて居住している者の住所は、本人の日常生活関係、家族との連絡状況等の実情を調査確認して認定することになっていますが、勤務日以外には家族のもとで生活を共にする者については、家族の住所地にあると解されます。

③病院に入院している者　病院、療養所等に入院、入所している者の住所は、当該病院、療養所等の医師の診断により、将来に向かって一年以上の長期、継続的な入院治療を要すると認められる場合を除き、原則として、家族の居住地にあるとされます。

④福祉施設等の入所者　社会福祉施設に入所する者の住所は、それらの施設に将来に向かって一年以上居住することが当該施設の長によって認められる場合（文章によることを要しない）を除いて、原則として、家族の居住地にあるものとされます。ただし、扶養義務者のある児童福祉施設入所者は、当該扶養義務者の世帯に属するものとして国民健康保険の適用を受けます。

なお、老人福祉施設に入所する者については、通常、施設に一年以上居住することが予想されるので、施設の長の認定は必要がありません。

五　修学中の者についての特例

親元のA県を離れて遠隔地のB県の大学に学ぶ学生の住所はB県にあるわけであり、本来なら住所のあるB県の被保険者となることとなりますが、これを特にA県の被保険者とすることとしており、適用に当たっては親元の世帯に属するものとみなします。しかし、修学中の学生でも、経済的に独立した生活を送っている者はこの適用は受けません。なお、世帯単位の被保険者証を交付している市町村においては、前者の学生に対しては、親とは別個に、A県の被保険者証が交付されることとなり、この取扱いについては、通常㊫の記号が付されます。

六　住所地主義の特例

都道府県を越えて病院や介護保険施設等に入院又は入所するものは、その者の住所が当該病院や施設等にある場合であっても、従前に住所を有していた都道府県の被保険者となります。

七　被保険者の適用除外

住所を要件として被保険者資格が生ずるわけですが、次に掲げるような一定の者は、国民健康保険の被保険者の適用を除外しています。

1　健康保険法の規定による被保険者および被扶養者（日雇特例被保険者及びその被扶養者を除きます）

2　船員保険法の規定による被保険者および被扶養者（高齢者の医療の確保に関する法律の規定による被保険者の被扶養者を除きます）

3　国家公務員共済組合法の規定による組合員および被扶養者（高齢者の医療の確保に関する法律の規定による被保険者の被扶養者を除きます）
4　地方公務員等共済組合法の規定による組合員および被扶養者（高齢者の医療の確保に関する法律の規定による被保険者の被扶養者を除きます）
5　私立学校教職員共済法の規定による加入者
6　健康保険法第百二十六条の規定により日雇特例被保険者手帳の交付を受け、その手帳に健康保険印紙をはりつけるべき余白がなくなるに至るまでの間にある者および被扶養者（法令により一定期間日雇特例被保険者とならない者、日雇特例被保険者手帳を返納した者およびこれらの被扶養者を除きます）
7　高齢者の医療の確保に関する法律の規定による被保険者
8　生活保護法により保護を受けている世帯（保護を停止されている世帯を除きます）に属する者
9　国民健康保険組合等の被保険者
10　特別の理由のある者で厚生労働省令で定めるもの

これらの適用除外は、端的には、他の医療保険制度でカバーされる者、公費負担で医療が行われる者等を除外するという趣旨です。

八　国民健康保険組合の被保険者

国民健康保険組合（以下国保組合といいます）の組合員は、その組合の地区内に住所を有する者であることが必要ですが、組合員となる資格を有する者がすべて国保組合の被保険者となるものではありません。組合員となるかどうか、組合を脱退するかどうかは、本人の自由であり加入を強制されることはありません。ただし、いったん組合員となったときは、その者および原則としてその世帯に属する者全員がその国保組合の被保険者となることとされています。

九　被用者保険の被保険者等

第六条の第一号、第二号、第三号、第四号及び第七号の規定がこれに当たり、職域保険の被保険者等です。また、第七号の労働者（以下「第三条第八項労働者」という。）の場合、給付の受給資格を得るためには、少なくとも一カ月以上を必要とする（受給の前月以前二カ月間に二十六日分以上又は六カ月間に七十八日分以上の保険料納付が要件）ため、その間の発病や負傷について給付が受けられなくなります。これを補充するため、健康保険法第百四十五条の規定による特別療養費の支給（七割給付）又は法第五十五条の規定による国保の継続給付が、健康保険法の第三条第二項被保険者の給付資格が生じるまで行われます。この点は、第三条第二項被保険者の被扶養者についても同様です。

十　被用者保険の被扶養者

第六条の第五号及び第六号の規定がこれにあたります。これは、国保の世帯主以外の被保険者に対応するものであり、各制度とも七割給付又はそれに上積みの附加給付を行っています。私立学校教職員共済組合法では、同法第二十五条の規定により、国家公務員等共済組合法第二条の規定を準用し、みずからは被扶養者の範囲を定めず、国家公務員等共済組合法の方式を準用しています。

この被扶養者については、被用者保険と国保又は被用者保険間に、どちらの制度に加入させるかについて紛争が生じることがあります。たとえば、夫が会社員で妻が農業を行っているとか、夫婦共稼ぎでそれぞれ相当の収入があるとか、会社員の老父母が相当額の年金受給者であるとかというケースがあり、このような場合の解決策として、次のようにその基準及び解決の手続が、関係各省間で協議のうえ定められています。

(注)　被用者保険の被保険者が後期高齢者医療の被保険者となることに伴う被扶養者の国民健康保険の資格取得手続等に関する照会対応等について

健康保険法等の一部を改正する法律（平成十八年法律第八十三号）については、平成二十年四月一日の一部施行にともない、新たに後期高齢者医療制度が創設されましたが、被用者保険の被保険者がこの制度の被保険者となる場合には、その被扶養者も同時に被用者保険の資格を喪失することとなり、国民健康保険等に加入することとなります。

(一)　被扶養者等からの国民健康保険の資格取得手続に関する照会への対応について

被用者保険の被保険者若しくは被扶養者又は被保険者であった者若しくは被扶養者であった者（以下「被保険者等」と総称する）より、被用者保険の資格喪失後の国民健康保険の加入手続について照会があった場合には、以下の二点について御説明いただくようお願いしたい。

①　被用者保険の被保険者が後期高齢者医療の被保険者となる場合には、その被扶養者も同時に被用者保険の資格を喪失することとなるため、国民健康保険等に加入することとなるが、この場合には、住所地の市町村（国民健康保険所管課）にて資格取得の手続が必要となること。

②　当該資格取得の手続の際には、市町村において、被用者保険の資格を喪失した旨の確認を行う必要があるため、原則として資格取得の届書に添えて、被用者保険の保険者が被保険者であった者又は被扶養者であった者からの申請に基づき発行する資格喪失を証明する書類（以下「資格喪失証明書」という）の提出が必要となること。

なお、被保険者等が被用者保険の資格を喪失したにもかかわらず、資格喪失証明書が当該被保険者等に交付されるまでに時間を要するなどの場合においては、住所地の市町村（国民健康保険所管課）に相談すること。

(二) 資格喪失証明書への喪失理由の記載について

国民健康保険では、被用者保険の被保険者が後期高齢者医療の被保険者となった場合で、その被扶養者であった六十五歳以上七十五歳未満の者（以下「旧被扶養者」という）が国民健康保険に加入する場合、加入後二年間は保険料を軽減する措置を講じることとしているところであるが、その実施のためには、当該者が旧被扶養者であるかどうかを市町村において確認する必要がある。

ついては、市町村における旧被扶養者に係る保険料の軽減措置の実施を円滑に行う観点から、被保険者等からの申請に基づき発行する資格喪失証明書に『（被保険者が）後期高齢者医療の被保険者となったため』などの喪失理由の記載をお願いしたい。

(三) 資格喪失証明書に準ずる書類の交付について

資格喪失証明書について、対象となる被保険者等より事前に交付申請等（照会など）があった場合には、被扶養者又は被扶養者であった者の国民健康保険の資格取得手続を円滑に行う観点から、事業主からの資格喪失届及び異動届等の提出を待たずに、七五歳の誕生日をもって資格喪失証明書に準ずる書類（例えば、その書類を交付する時点での喪失見込みの証明など）を交付していただくよう御配慮をお願いしたい。

また、対応準備が整うようであれば、七十五歳到達により被用者保険の資格を喪失することが見込まれる者に対して、被扶養者に係る国民健康保険の加入手続の案内を実施することや、被保険者等から交付申請が無くとも、七十五歳到達日前に資格喪失証明書（又はそれに準ずる書類）を事業主経由で交付することなどの御配慮をお願いしたい。

（平成二〇年三月二七日保保発第〇三二七〇〇一号保険局保険課長通知）

（平成二〇年三月二七日保国発第〇三二七〇〇二号保険局国民健康保険課長通知）

十一　資格の取得と喪失

都道府県及び市町村の国民健康保険の被保険者資格は一定の適用除外事由に該当しない限り、住所を有することにより当然に被保険者となるのであって、保険者による認定等の特別の行為を必要とはしません。

1　資格取得の時期

イ　その都道府県の区域内に住所を有するに至ったその日から（転入、誕生などの場合）

ロ　適用除外事由に該当しなくなったその日から（退職により健康保険の被保険者でなくなった場合など）

2　資格喪失の時期

イ　その都道府県の区域内に住所を有しなくなった日の翌日から（転出、死亡などの場合）。ただし、住所を有しなくなった日のうちに他の都道府県の区域内に住所を有するに至った場合はその日から

ロ　適用除外事由に該当するに至ったときは、その日の翌日から（就職により健康保険の被保険者となった場合、七十五歳に到達し後期高齢者医療広域連合の被保険者となった場合など）。ただし、生活保護を受けることになった場合、国保組合の被保険者となった場合はその日から

3　資格得喪等に関する届出

国民健康保険法は、被保険者の資格得喪に関する実態把握を確実にする手段として、被保険者の属する世帯の世帯主に届出の義務を課しています。

「世帯」とは、一般に住居および生計を同一にする者の集合体、または一人で独立して住居もしくは生計を維持

するものをいい、「世帯主」とは、通常社会通念上世帯を主宰する者であると定義されますが、国民健康保険法上の世帯主は保険料（税）の納付義務を負うことのできる者でなければならないため、主として生計を維持する者であって、保険料（税）の納付義務者として社会通念上妥当と認められる者であるとされています。

なお、被保険者の属する世帯で、その世帯主が被用者保険の被保険者である等により、国民健康保険の被保険者でない場合も、その世帯主に保険料（税）の納付義務を課することとされています。

世帯主が義務を負う届出事項は、①資格取得の届出、②資格喪失の届出、③届出事項の変更の届出（被保険者の氏名変更届、被保険者の世帯変更届、世帯主の住所変更届、世帯主変更届）、④修学中の者に関する届出、⑤病院等に入院、入所又は入居中の者に関する届出、などのほか、被保険者証に関する事項等があります。

市町村の場合、転入等について住民基本台帳法により転入届、転居届、転出届、世帯変更届が定められていますので、これらの届出をしなければならない場合で国民健康保険の資格得喪を伴うときは、これらの届出に一定の事項を付記して届出をすればよいことになっています。

十二　適用の開始と終了

1　適用開始・終了の年月日

市町村は、資格管理業務を担うこととされています。

そこで、国保法における市町村と被保険者間の権利義務関係を明確にするため、都道府県単位で発生する「資格取得・喪失年月日」と区分して、市町村単位で「適用開始・終了年月日」を設定し、市町村における被保険者の資格管理の開始日を「適用開始年月日」、市町村における被保険者の資格管理の終了日を「適用終了年月日」とすることとされています。これにより、同一都道府県内の他市町村へ住所異動する場合には、資格取得年月日には変更がないが、適用開始年月日は、転入地市町村の区域内に住所を有するに至った日（＝転出地市町村における適用終了年月日）とする取扱いとなっています。

2　適用開始・終了に関する届出

(1)　適用開始届

被保険者が、同一の都道府県内の他の市町村の区域内から住所を変更し、市町村の区域内に住所を有するに至ったときは、当該被保険者の属する世帯の世帯主は、十四日以内に、適用開始届を提出しなければなりません（則第四条）。

なお、適用開始届を提出した被保険者が他の都道府県から異動したことが確認できた場合は、適用開始届は資格取得届とみなされます。

(2)　適用終了届

被保険者が、同一の都道府県内の他の市町村の区域内に住所を変更し、市町村の区域内に住所を有しなくなったときは、当該被保険者の属していた世帯の世帯主は、十四日以内に、適用終了届を提出しなければなりません（則第十一条）。

なお、適用終了届を提出した被保険者が他の都道府県に異動したことが確認できた場合は、適用終了届は資格喪失届とみなされます。

十三　特定同一世帯所属者

平成二十年四月より施行された後期高齢者医療制度において、同じ世帯内に国民健康保険から後期高齢者医療制度に移行した者（以下、「特定同一世帯所属者」）の属する世帯に関し、次のような取扱いを行うこととなりました。

1　特定同一世帯所属者が属する世帯の世帯主が、当該特定同一世帯所属者とともに他の都道府県に転入して新しく世帯を形成した場合や、当該世帯主が、当該特定同一世帯所属者とともにすでにある世帯に加わり、引き続き当該世帯において世帯主となる場合の届出に際しては、従前住所を有していた市町村により交付されることとされた特定同一世帯所属者である旨を証明する書類を提示すること。

2　世帯主と特定同一世帯所属者が同一の日に都道府県の区域内に住所を有しなくなった場合にあっては、現住所地の市町村は、特定同一世帯所属者であることを証明する書類を交付すること。

十四　被保険者証

国民健康保険の被保険者資格は、都道府県の区域内に住所を有することによって当然に取得することとなっており、このため被保険者証も世帯主の請求を待つまでもなく交付されるべきものですが、実際には、世帯主の資格取得の届出によって交付されます。被保険者証は、平成十三年度より被保険者ごとに作成することとなりましたが、当分の間は、従来どおり世帯単位に作成することも可能です。

被保険者証は、被保険者であることを証明する身分証明書であるとともに、療養の給付を受ける際に、電子資格確認によらず被保険者証を提出する方法により被保険者であることの確認を受ける場合の受診券でもあり、様式は全国的に統一されています。ただし、退職被保険者及びその被扶養者に係る被保険者証は別様式とし、表面に㊡の表示がされています。

資格取得についての行政処分がないため、世帯主に被保険者証の交付請求権を認め、その請求を却下された場合は、国民健康保険審査会に審査請求をする途を開いています。

世帯単位の被保険者証を交付している市町村において、修学のため住所を別にする者に㊫の被保険者証を交付することは、先に述べましたが、旅行その他により、長期に渡って住所を離れ、他の家族と別れて生活するときも、希望すれば、別個の被保険者証が交付されます。この被保険者証には、㊣の記号が付されます。

なお、令和六年十二月二日より、マイナンバーカードと健康保険証の一体化が図られ、現行の健康保険証（被保険者証）の発行を終了し、マイナ保険証を基本とする仕組みに移行されます。

十五　被保険者証の有効期間に関する事項

国民健康保険の保険料（税）を滞納している世帯主や国民年金の保険料を滞納している世帯主等の被保険者証について、市町村の判断により特別の有効期間を定めることができる規定を設けたことに伴い、そのための要件等について次のような規定を設けることとなりました（平成二十年）。

1　特別の有効期限を定めることのできる要件として、国民年金の滞納に関し、督促を受けた者がその指定期限までに保険料の納付をしないこと等としたこと。

2　有効期間を定める場合には、同一の世帯に属する被保険者について同一の有効期間を定めることとされているが、国民年金の保険料を滞納している被保険者等についてはこの限りでないこと等としたこと。

十六　電子資格確認

電子資格確認とは、保険医療機関等から療養を受けようとする者又は指定訪問看護事業者から指定訪問看護を受けようとする者が、市町村又は組合に対し、個人番号カードに記録された利用者証明用電子証明書を送信する方法により、被保険者の資格に係る情報の照会を行い、情報通信の技術を利用する方法により、市町村又は組合から回答を受けて当該情報を当該保険医療機関等又は指定訪問看護事業者に提供し、当該保険医療機関等又は指定訪問看護事業者から被保険者であることの確認を受けることをいいます。

療養の給付等を受けようとする者は、医療機関等又は指定訪問看護事業者から電子資格確認その他厚生労働省令で定める方法により、被保険者であることの確認を受け、当該給付を受けることとされています。

ここでいう「その他厚生労働省令で定める方法」とは、保険医療機関の場合又は指定訪問看護事業者から指定訪問看護を受けようとする場合は被保険者証を提出する方法、保険薬局の場合は被保険者証又は処方箋を提出する方法を指しています。

医療機関等で療養の給付を受ける際、被保険者がマイナンバーカードにより資格確認をするオンライン資格確認は、令和三年十月から本格スタートしました。また、令和五年四月から、保険医療機関・保険薬局におけるオンライン資格確認の導入が原則義務化されました。

また、令和六年十二月二日より、行政手続における特定の個人を識別するための番号の利用等に関する法律等の一部を改正する法律が施行され、マイナンバーカードと健康保険証の一体化が図られ、現行の健康保険証（被保険者証）の発行を終了し、マイナ保険証を基本とする仕組みに移行します。マイナ保険証の利用により、患者本人の健康・医療データに基づくより良い医療の実現、医療機関等の事務コスト削減が図られるなど様々なメリットがあり、利用促進に向けた取り組みを進めることが重要とされています。移行に向けて、国としても必要な支援・情報提供を行うため、保険者においても、適切に準備を行うことが望まれています。

十七　高齢受給者証

七十歳以上の被保険者の一部負担金の割合が二割又は三割となっていることから、保険者は七十歳以上の被保険者の属する世帯主又は組合員に対して、当該被保険者の一部負担金の割合を記載した証（以下「高齢受給者証」といいます）を、有効期限を定めて交付することとなっています。平成三十年八月一日より、被保険者の利便性の向上を図るために被保険者証兼高齢受給者証（一体証）が被保険者証の一様式として規定されました。

十八　被保険者資格証明書

保険者は、災害その他政令で定める特別の事情がないのに保険料（税）を滞納している世帯主（いわゆる悪質滞納者）については、いったんその者の被保険者証を返還させ、被保険者証に代えて被保険者資格証明書（以下「資格証明書」といいます）を交付することができることとなっています。

平成十二年四月からは、介護保険制度の導入を機に、政令に定める特別の事情がないのに納期限から一年間の滞納がある者に対しては、被保険者証の返還を求め、資格証明書を交付すること等の措置が義務化されました。

資格証明書は、世帯単位に作成され世帯主に交付されますが、厚生労働省令で定める原子爆弾被爆者等の公費負担医療を受けることができる被保険者がいるときは、その被保険者に係る被保険者証とそれ以外の被保険者に係る資格証明書の両方が交付されます。なお、保険料（税）を完納した場合、保険料（税）を完納していないが、滞納額が著しく減少している場合や災害その他政令で定める特別の事情が発生した場合には、被保険者証が交付されます。

◎災害その他の政令で定める特別の事情について

特別な事情とは、次に掲げる事由により保険料（税）を納付することができないと認められる事情とされています。

① 世帯主または組合員がその財産につき災害、または盗難にかかったこと。
② 世帯主もしくは組合員またはその者と生計を一にする親族が病気にかかり、または負傷したこと。
③ 世帯主または組合員がその事業を廃止し、または休止したこと。
④ 世帯主または組合員がその事業につき著しい損失を受けたこと。
⑤ ①から④までに類する事由があったこと。

保険料（税）を滞納している者であっても、直ちに、被保険者証の返還等の措置を講ずるのではなく、特別の事情の有無についての判断を行うこととされています。

また、世帯主が市町村の窓口において、当該世帯に属する被保険者が医療を受ける必要が生じ、かつ医療機関に対する一時支払いが困難である旨の申し出を行った場合には、当該世帯主は保険料を納付することができない特別な事情に準ずる状況にあると考えられることから、緊急的な対応として、市町村の判断で当該世帯に属する被保険者に対して短期被保険者証を交付することができます。この場合、当該短期被保険者証の有効期間内において保険料を納付することのできない特別の事情の有無を精査し、特別の事情が認められない場合には、改めて被保険者資格証明書を交付すると規定しています。

なお、子どもに関する被保険者資格証明書の運用について見直されることになり、平成二十二年の国保法改正

〔図3-1〕　滞納者対策事務の流れ図（資格証明書関係）

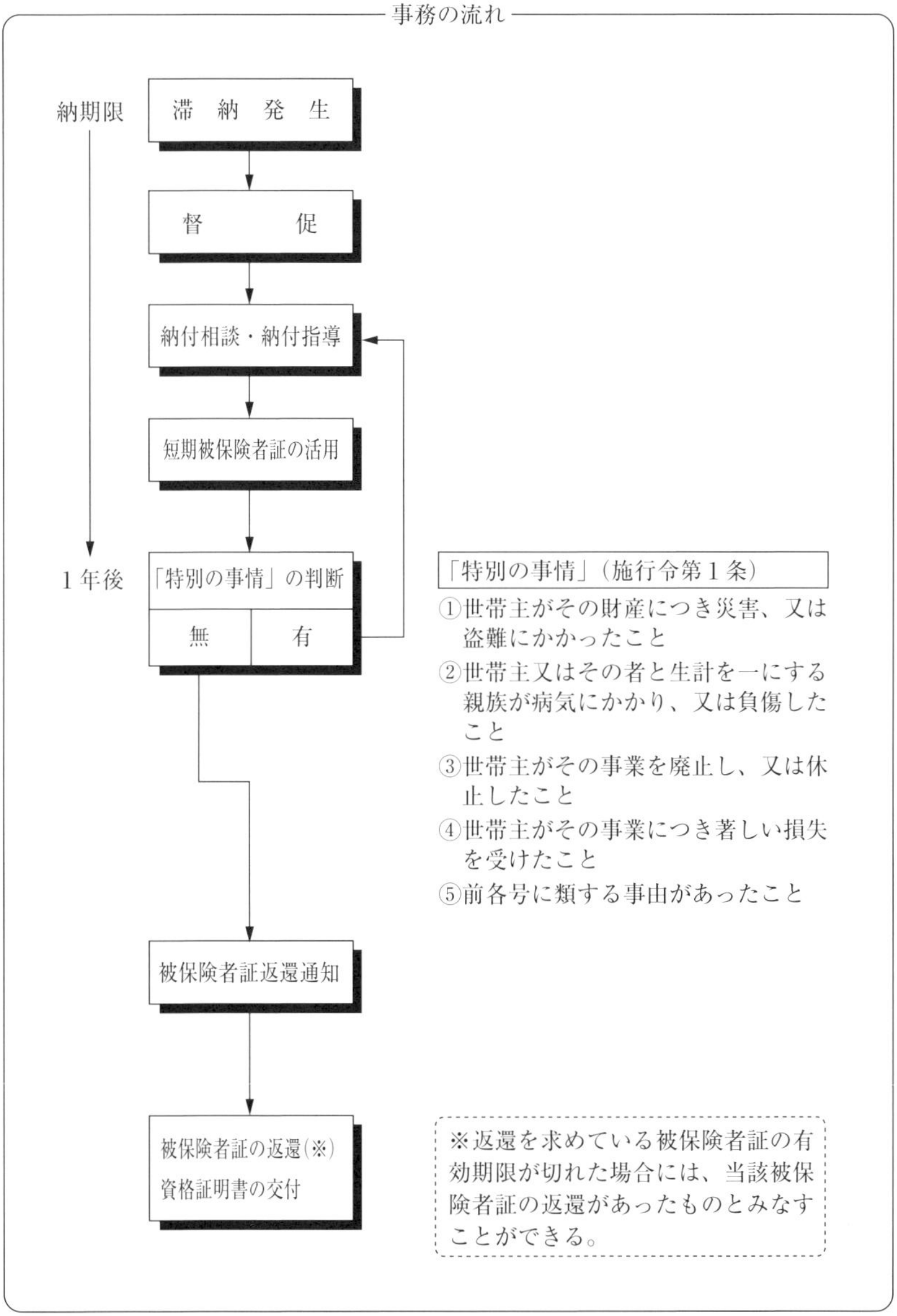
事務の流れ
納期限
滞　納　発　生
督　　　促
納付相談・納付指導
短期被保険者証の活用
１年後
「特別の事情」の判断
無
有
「特別の事情」（施行令第１条）
①世帯主がその財産につき災害、又は盗難にかかったこと
②世帯主又はその者と生計を一にする親族が病気にかかり、又は負傷したこと
③世帯主がその事業を廃止し、又は休止したこと
④世帯主がその事業につき著しい損失を受けたこと
⑤前各号に類する事由があったこと
被保険者証返還通知
被保険者証の返還(※)
資格証明書の交付
※返還を求めている被保険者証の有効期限が切れた場合には、当該被保険者証の返還があったものとみなすことができる。

として次の内容が行われています。

①資格証明書世帯に属する高校生世代（十八歳に達する日以後の最初の三月三十一日までの間にある者）にも、六ヵ月有効の短期被保険者証を交付する。②短期被保険者証世帯に属する高校生世代以下については、六ヵ月以上有効の短期被保険者証を交付する。

また、令和六年十二月二日より、マイナンバーカードと健康保険証の一体化が図られることに伴い、現行の健康保険証（被保険者証）の発行を終了するとともに、マイナンバーカードによりオンライン資格確認ができない状況にある者が必要な保険診療等を受けられるよう、当該者からの申請等により、各医療保険者は、医療機関等を受診する際の資格確認のための「資格確認書」を交付することとされています。

第六節　国民健康保険の保険給付

国民健康保険事業は、被保険者の疾病、負傷、出産および死亡等という保険事故に対して必要な保険給付を行う制度です。

その保険給付の中心は、医療ですが、このほか出産育児一時金、葬祭費、移送費等の支給も行われています。

以下、保険給付を給付の種類別に説明します。

一　療養の給付

療養の給付は、被保険者の疾病、負傷に対しての診療を医療機関を通じた現物給付という形で行うものであり、一定の場合にこれを補完するため、療養費として償還払いの現金給付を行うこととしています。現物給付とするものですが、別に被保険者に対して給付を受ける際に一部負担金の支払い義務を課しています。なお、療養費としての現金給付は、医療に要した費用の七割相当額（六歳に達する日以後の最初の三月三十一日以前の被保険者は八割、七十歳に達する日の属する月の翌月以後の被保険者は八割又は七割相当額）が保険給付です。

療養の給付の範囲は、被用者保険と同じく次のとおりです。

1　診察
2　薬剤または治療材料の支給
3　処置、手術その他の治療
4　居宅における療養上の管理及びその療養に伴う世話その他の看護
5　病院または診療所への入院及びその療養に伴う世話その他の看護

被保険者は、療養の給付を受けようとするときは、自己の選定する保険医療機関等から、電子資格確認、その他、保険医療機関の場合又は指定訪問看護事業者から指定訪問看護を受けようとする場合は被保険者証を提出する方法、保険薬局の場合は被保険者証又は処方箋を提出する方法により、被保険者であることの確認を受け、給付を受けることとされています。七十歳以上の被保険者が被保険者資格を確認する際は、電子資格確認を受けることができる場合を除き、高齢受給者証を提出することとされています。

二　一部負担金

保険医療機関等で療養の給付を受ける者は、その給付を受ける際に、その保険医療機関等に一部負担金を支払わなければならないことになっており、その割合は次のとおりです。
六歳に達する日以後の最初の三月三十一日以前の被保険者　十分の二
六歳に達する日以後の最初の三月三十一日の翌日以後
かつ七十歳に達する日の属する月以前の被保険者　十分の三
七十歳に達する日の属する月の翌月以後の被保険者　十分の二（一定以上の所得のある者は十分の三）
七十歳以上の被保険者に対しては、一部負担金の割合を示す証（高齢受給者証）が交付されます。
なお、条例又は規約で一部負担金の割合を減じた場合（一部負担金の割合を減ずることによって財政の健全性を損うおそれのない場合に限られます）はその割合とされています。
減ぜられた割合による一部負担金を支払うことをもって足りるのは、市町村又は組合が開設者の同意を得て定める保険医療機関等についてのみであり、それ以外の保険医療機関等で療養の給付を受けた場合は、一部負担金を支払い、減ぜられた割合との差額は、市町村又は組合から被保険者に現金で支給されることとなります。
特別の理由がある被保険者で、保険医療機関等に一部負担金を支払うことが困難であると認められるものについては、市町村及び組合は、一部負担金の徴収猶予、減額または免除の措置をとることができます。この場合、被保険者は一部負担金を支払う必要がないか、減額された額を支払うこととなります。
㈱　資格証明書を交付された被保険者については、かかった費用の全額を保険医療機関等の窓口でいったん支払い、事後に特別療養費が支給されることとなっています。

三　入院時食事療養費

入院時食事療養費は、平成六年六月の改正により、入院・在宅間等の負担の公平の確保や入院時の食事の質の向上という観点から、それまで療養の給付として給付されていた食事について、別個の給付として独立されたものです。

市町村及び組合は、被保険者が保険医療機関について入院に伴う療養の給付と併せて食事療養を受けた場合に、入院時食事療養費を支給し、その額は、食事療養について算定した費用の額から標準負担額を控除した額です。

標準負担額は、平均的な家計における食費を勘案した定額の負担であり、一食四百九十円（難病患者等は二百八十円）、低所得者世帯は一食二百三十円、低所得者で入院日数届書を提出した月以前の十二月間の入院日数が九十日を超えるものは百八十円、七十歳以上で特に所得の低い低所得者は百十円と定められています。

四　入院時生活療養費

入院時生活療養費とは、療養病床に入院する七十歳以上の被保険者の生活療養（食事療養並びに温度、照明及び給水）に要した費用については、平成十七年十月から介護保険の施設サービスの食事と居住費が利用者負担となったことに伴い、国民健康保険についてもこれにあわせて、平成十八年十月からは、療養病床に入院する七十歳以上の被保険者の療養の給付と併せて受けた生活療養（食事療養並びに温度、照明及び給水）に要した費用について支給されることになりました。その額は、生活療養の費用を勘案して厚生労働大臣の定める基準の例により算定した費用の額から、患者の属する世帯主又は組合員に対して課せられている生活療養費標準負担額を控除した額です。

〔表3-2〕

65歳以上の医療療養病床に入院する患者の食費・居住費（生活療養標準負担額）

		医療の必要性の低い者（A）		医療の必要性の高い者（B）		指定難病患者（C）	
		食費（一食）	居住費（一日）	食費（一食）	居住費（一日）	食費（一食）	居住費（一日）
一般所得		生活療養（Ⅰ）490円 生活療養（Ⅱ）450円	370円	生活療養（Ⅰ）490円 生活療養（Ⅱ）450円	370円	280円	0円
70歳未満	70歳以上						
低所得	低所得Ⅱ	230円	370円	230円 ※入院日数届書提出前12月以内の入院日数が90日超で180円	370円	230円 ※入院日数届書提出前12月以内の入院日数が90日超で180円	0円
	低所得Ⅰ	140円	370円	110円	370円	110円	0円
境界層該当者		110円	0円	110円	0円	110円	0円

平成二十年四月からは、対象者が七十歳以上の被保険者から六十五歳以上の被保険者に改正されました。

なお、生活療養標準負担額の額は、平均的な家計における食費（食材料費＋調理コスト相当額）と居住費（光熱水費相当額）の状況を勘案して厚生労働大臣が定める額とされ、具体的な額は表３－２のとおりです。

五　保険外併用療養費

保険外併用療養費は、従来の特定療養費制度を再編したもので、平成十八年十月から施行されています。再編の趣旨としては、原則禁止とされていた保険診療と保険外診療を組み合わせる、いわゆる混合診療を解禁すべきか否かの議論について、平成十六年十二月に厚生労働大臣と内閣特命担当大臣との間で合意がなされました。その内容は、現行の特定療養費制度を廃止し、将来的な保険導入のための評価を行うものと、保険導入を前提とせず患者がその医療行為を選択し、同意した上で行われる医療という、新しい枠組みとして再構成されることとなりました。保険外併用療養費は必ずしも混合診療を全面的に認めたものではなく、保険診療と保険外診療との併用を一定のルールの下に認めていくというものであり、いわば特定療養費制度を継承し、それを発展させたものと位置付けることができます。

保険導入のための評価を行うものについては、「評価療養」とし、高度先進医療・必ずしも高度ではないけれど先進的な技術・国内での未承認薬等が対象となっています。一方、保険導入を前提としないものについては、「選定療養」とし、快適性・利便性に係るもの、医療機関の選択に係るもの、制限回数を超える医療行為が対象となっています。なお、平成二十八年四月から、困難な病気とたたかう患者の申出に基づき、国内では承認されていない薬や医療技術等を迅速に保険外併用療養費の対象にして使用できるように、「患者申出療養」が創設されました。

1　支給要件

保険外併用療養費は、厚生労働大臣の定める評価療養・患者申出療養及び選定療養を受けた場合に支給されます。

(1)　評価療養

一　別に厚生労働大臣が定める先進医療（先進医療ごとに別に厚生労働大臣が定める施設基準に適合する病院又は診療所において行われるものに限る。）

二　医薬品、医療機器等の品質、有効性及び安全性の確保等に関する法律（昭和三十五年法律第百四十五号。以下「医薬品医療機器等法」という。）第二条第十七項に規定する治験（人体に直接使用される薬物に係るものに限る。）に係る診療

三　医薬品医療機器等法第二条第十七項に規定する治験（機械器具等に係るものに限る。）に係る診療

三の二　医薬品医療機器等法第二条第十七項に規定する治験（加工細胞等（医薬品、医療機器等の品質、有効性及び安全性の確保等に関する法律施行規則（昭和三十六年厚生省令第一号）第二百七十五条の二の加工細胞等をいう。）に係るものに限る。）に係る診療

四　医薬品医療機器等法第十四条第一項又は第十九条の二第一項の規定による承認を受けた者が製造販売した当該承認に係る医薬品（人体に直接使用されるものに限り、別に厚生労働大臣が定めるものを除く。）の投与（別に厚生労働大臣が定める施設基準に適合する病院若しくは診療所又は薬局において当該承認を受けた日から起算して九十日以内に行われるものに限る。）

五　医薬品医療機器等法第二十三条の二の五第一項又は第二十三条の二の十七第一項の規定による承認を受けた者が製造販売した当該承認に係る医療機器（別に厚生労働大臣が定めるものを除く。）の使用又は支給（別に厚生労働大臣が定める施設基準に適合する病院若しくは診療所又は薬局において保険適用を希望した日から起算して二百四十日以内に行われるものに限る。）

五の二　医薬品医療機器等法第二十三条の二十五第一項又は第二十三条の三十七第一項の規定による承認を受けた者が製造販売した当該承認に係る再生医療等製品（別に厚生労働大臣が定めるものを除く。）の使用又は支給（別に厚生労働大臣が定める施設基準に適合する病院若しくは診療所又は薬局において保険適用を希望した日から起算して二百四十日以内に行われるものに限る。）

六　使用薬剤の薬価（薬価基準）（平成二十年厚生労働省告示第六十号）に収載されている医薬品（別に厚生労働大臣が定めるものに限る。）の投与であって、医薬品医療機器等法第十四条第一項又は第十九条の二第一項の規定による承認に係る用法、用量、効能又は効果と異なる用法、用量、効能又は効果に係るもの（別に厚生労働大臣が定める条件及び期間の範囲内で行われるものに限る。）

七　医薬品医療機器等法第二十三条の二の五第一項又は第二十三条の二の十七第一項の規定による承認を受けた者が製造販売した当該承認に係る医療機器（別に厚生労働大臣が定めるものに限る。）の使用又は支給であって、当該承認に係る使用目的、効果又は使用方法と異なる使用目的、効果又は使用方法に係るもの（別に厚生労働大臣が定める条件及び期間の範囲内で行われるものに限る。）

七の二　医薬品医療機器等法第二十三条の二十五第一項又は第二十三条の三十七第一項の規定による承認を受けた者が製造販売した当該承認に係る再生医療等製品（別に厚生労働大臣が定めるものに限る。）の使用又は支給であって、当該承認に係る用法、用量、使用方法、効能、効果又は性能と異なる用法、用量、使用方法、効能、効果又は性能に係るもの（別に厚生労働大臣が定める条件及び期間の範囲内で行われるものに限る。）

(2) 患者申出療養

高度の医療技術を用いた療養であって、当該療養を受けようとする者の申出に基づき、療養の給付の対象とすべきものであるか否かについて、適正な医療の効率的な提供を図る観点から評価を行うことが必要な療養として厚生労働大臣が定めるもの

(3) 選定療養

一 特別の療養環境の提供

二 予約に基づく診察

三 保険医療機関が表示する診療時間以外の時間における診察

四 病床数が二百以上の病院について受けた初診（他の病院又は診療所からの文書による紹介がある場合及び緊急その他やむを得ない事情がある場合に受けたものを除く。）

五 病床数が二百以上の病院について受けた再診（当該病院が他の病院（病床数が二百未満のものに限る。）又は診療所に対して文書による紹介を行う旨の申出を行っていない場合及び緊急その他やむを得ない事情がある場合に受けたものを除く。）

六 診療報酬の算定方法に規定する回数を超えて受けた診療であって別に厚生労働大臣が定めるもの

七 別に厚生労働大臣が定める方法により計算した入院期間が百八十日を超えた日以後の入院及びその療養

に伴う世話その他の看護（別に厚生労働大臣が定める状態等にある者の入院及びその療養に伴う世話その他の看護を除く。）

八　前歯部の金属歯冠修復に使用する金合金又は白金加金の支給

九　金属床による総義歯の提供

十　齲蝕に罹患している患者（齲蝕多発傾向を有しないものに限る。）であって継続的な指導管理を要するものに対する指導管理

十一　白内障に罹患している患者に対する水晶体再建に使用する眼鏡装用率の軽減効果を有する多焦点眼内レンズの支給

六　療養費

国民健康保険制度は、他の社会保険と同様に医療の現物給付を保険給付の中核としていますが、療養費は療養の給付等で果たせなかった役割を補充するものとして、一定の費用を事後に被保険者に支給することにより、療養の給付の補完的機能を持たせたものです。

療養費の支給は、一定の支給要件を備えた場合に限り認められるものであり、被保険者に現物支給と現金給付との選択の自由を与えたものではありません。

支給要件は、次のような場合です。

1　市町村・組合が療養の給付を行うことが困難であると認められる場合

被保険者が通常利用できる地域内に保険医療機関等がない場合、医師の同意を得て補完的に行う柔道整復術、

はり、灸等やコルセット等の支給といった保険者、保険医療機関等側の理由により事実上療養の給付を行うことが困難である場合をいいます。

2　被保険者が保険医療機関等以外の病院、診療所等について診療を受けた場合で、市町村・組合がやむを得ないものと認めるとき

交通事故で負傷し、第三者により保険医療機関等でない医療機関にかつぎこまれた場合等、被保険者側の理由により、事実上療養の給付を受けることが困難な場合をいいます。

3　被保険者が電子資格確認等により被保険者であることの確認を受けないで保険医療機関等について診療等を受けた場合であって、被保険者証を提出しなかったことが、緊急その他やむを得ない理由によるものと市町村・組合が認めたとき

旅行中に急病にかかって受診したが、被保険者証を所持していなかった場合、被保険者資格を取得したが、被保険者証の交付をまだ受けない間に保険医療機関等で受診した場合等、被保険者証を提出しなかったことがやむを得ない理由によると判断される場合をいいます。

療養費の支給を受けようとするときは、被保険者の属する世帯の世帯主または組合員が、療養に要した費用に関する証拠書類を添付して、市町村又は組合に対して療養費支給申請書を提出することとしています。

市町村又は組合は、療養費支給申請書によって所定の要件に該当するかどうかを審査して決定することとなりますが、支給を決定した場合の療養費の額は、原則として点数表により算定された額から一部負担金相当額を控除した額を基準として決められます。

また、平成十三年一月から海外療養費が創設され、国外で受けた療養に係る費用についても、療養費の支給対

象となりました。なお、海外療養費の不正請求事案が複数明らかになっていることから不正請求について、保険者等における海外療養費の支給申請に対する審査等の対策等が示されており、平成二十八年四月からは支給申請にあたって、

①旅券、航空券その他海外に渡航した事実が確認できる書類の写し

②保険者が海外療養の内容について当該海外療養を担当した者に照会することに関する当該海外療養を受けた者の同意書

を添付書類として求めています。

(注)　資格証明書を交付された被保険者についても、療養費の受給権は発生することとなり、後に療養費として七割給付相当分について償還払いされることとなっています。

七　訪問看護療養費

訪問看護療養費は、被保険者が指定訪問看護事業者について指定訪問看護を受けた場合に支給されるものであり、平成六年六月の改正において、在宅医療の推進の一環として創設されたものです。

訪問看護療養費の対象は、在宅で寝たきり等の状態にある難病患者や重度障害者、働き盛りで脳卒中などにより倒れて寝たきり状態となった者です。

訪問看護療養費の額は、その指定訪問看護につき算定された費用の額から、一部負担金相当額を控除した額です。

八　特別療養費

市町村及び組合は、特別の事情がないのに保険料を滞納している世帯主に対し、被保険者証の返還を求め、代わりに被保険者資格証明書の交付を行うことができます。被保険者資格証明書の交付を受けた被保険者が保険医療機関等について療養を受けた場合には、いったん全額を医療機関に支払い、後に現金給付によって、支給を受けることとなり、これを特別療養費といいます。

特別療養費の額は、その療養につき算定した費用の額から、その額に被保険者の一部負担金の割合を乗じて得た額を控除した額です。

九　移送費

移送費は、被保険者が療養の給付を受けるため病院又は診療所に移送されたときに支給されます。その額は、最も経済的な通常の経路及び方法により移送された場合の費用により算定した額です。

また、移送費は次のいずれにも該当する場合に支給されます。

1　移送により法に基づく適切な療養を受けたこと。
2　移送の原因である疾病又は負傷により移動することが著しく困難であったこと。
3　緊急その他やむを得なかったこと。

十　高額療養費

高額療養費制度は、医療の高度化傾向に対応し、被保険者の一部負担の軽減を図ることを目的として昭和四十八年十月から任意給付として実施されてきましたが、昭和五十年十月からは法定給付とされ、さらに昭和五十九年十月の改正を経て、平成十三年一月からは上位所得者区分が設けられ、平成十四年十月からは、新たに七十歳以上の被保険者に係る算定基準額が設けられる等の改正が行われました。平成二十七年一月には、七十歳未満の被保険者に係る所得区分及び算定基準額が五段階に細分化されました。平成二十九年八月からは七十歳以上の被保険者に係る所得区分及び算定基準額が変更されるとともに新たに外来療養に係る年間の高額療養費が新設されました。平成三十年八月には七十歳以上の被保険者の現役並み所得区分について細分化した上で限度額を引き上げる等の見直しが図られました。

１　高額療養費の支給

(1)　七十歳以上の被保険者について、個人単位（外来のみ）で高額療養費を支給します。

①　同一月のすべての自己負担を合算し、算定基準額を超える部分を高額療養費として支給します。

②　算定基準額は、(2)②の表のとおりです。

(2)　七十歳以上の被保険者について、世帯単位で高額療養費を支給します。

①　同一月の七十歳以上の各被保険者の自己負担（(1)の算定基準額までの額及びすべての入院分の自己負担）を合算し、算定基準額を超える部分を高額療養費として支給します。

②　算定基準額は、次のとおりです。

所得区分		高額療養費算定基準額	
		外来のみ	世帯（外来と入院）
現役並み所得者	課税所得六九〇万円以上	二五二、六〇〇円＋（かかった医療費－八四二、〇〇〇）×一％〈多数回該当 一四〇、一〇〇円〉	
	課税所得三八〇万円以上六九〇万円未満	一六七、四〇〇円＋（かかった医療費－五五八、〇〇〇）×一％〈多数回該当 九三、〇〇〇円〉	
	課税所得一四五万円以上三八〇万円未満	八〇、一〇〇円＋（かかった医療費－二六七、〇〇〇）×一％〈多数回該当 四四、四〇〇円〉	
一般※1	課税所得一四五万円未満※2	一八、〇〇〇円 年間上限一四・四万円	五七、六〇〇円 〈多数回該当：四四、四〇〇円〉
低所得者	市町村民税非課税等	八、〇〇〇円	二四、六〇〇円（低所得Ⅱ）
	所得が一定以下		一五、〇〇〇円（低所得Ⅰ）

※1　収入の合計額が五二〇万円未満（1人世帯の場合は三八三万円未満）の場合も含みます。
※2　旧ただし書所得の合計額が二一〇万円以下の場合も含みます。

(3)　世帯全体について、高額療養費を支給します。

①　同一月の七十歳未満の各被保険者の自己負担（二一、〇〇〇円以上のものに限ります）及び七十歳以上の被保険者の自己負担（(2)の算定基準額までの額）を合算し、算定基準額を超える部分を高額療養費として支給します。

②　算定基準額は、次のとおりです。

所得区分	高額療養費算定基準額
旧ただし書所得九〇一万円超	二五二、六〇〇円＋（かかった医療費－八四二、〇〇〇円）×一％〈多数回該当：一四〇、一〇〇円〉
旧ただし書所得六〇〇万円超九〇一万円以下	一六七、四〇〇円＋（かかった医療費－五五八、〇〇〇円）×一％〈多数回該当：九三、〇〇〇円〉
旧ただし書所得二一〇万円超六〇〇万円以下	八〇、一〇〇円＋（かかった医療費－二六七、〇〇〇円）×一％〈多数回該当：四四、四〇〇円〉
旧ただし書所得二一〇万円以下	五七、六〇〇円〈多数回該当：四四、四〇〇円〉
低所得者（市町村民税非課税等）	三五、四〇〇円〈多数回該当：二四、六〇〇円〉

(4) 特定給付対象療養

原爆一般疾病医療費の支給その他の医療に関する給付が行われるべき特定給付対象療養について高額療養費算定基準額は次のように定められています。

区分	高額療養費算定基準額
七十歳未満	八〇、一〇〇円＋（かかった医療費－二六七、〇〇〇円）×一％
七十歳以上	五七、六〇〇円
七十歳以上（外来）	一八、〇〇〇円

(5) 特定疾病給付対象療養

特定給付対象療養のうち、治療方法が確立していない疾病その他の疾病であって、当該疾病にかかることにより長期にわたり療養を必要とすることとなるものの当該療養に必要な費用の負担を軽減するための医療に関する給付として厚生労働大臣が定めるものが行われるべき特定疾病給付対象療養に係る市町村または組合の認定を受けたときの高額療養費算定基準額は次表のように定められています。

［七十歳未満］

所得区分	高額療養費算定基準額
旧ただし書所得 九〇一万円超	二五二、六〇〇円＋（かかった医療費－八四二、〇〇〇円）×一％〈多数回該当：一四〇、一〇〇円〉
旧ただし書所得 六〇〇万円超 九〇一万円以下	一六七、四〇〇円＋（かかった医療費－五五八、〇〇〇円）×一％〈多数回該当：九三、〇〇〇円〉
旧ただし書所得 二一〇万円超 六〇〇万円以下	八〇、一〇〇円＋（かかった医療費－二六七、〇〇〇円）×一％〈多数回該当：四四、四〇〇円〉
旧ただし書所得 二一〇万円以下	五七、六〇〇円〈多数回該当：四四、四〇〇円〉
低所得者（市町村民税非課税等）	三五、四〇〇円〈多数回該当：二四、六〇〇円〉

［七十歳以上］

所得区分	高額療養費算定基準額	
	外来のみ	世帯（外来と入院）

現役並み所得者	課税所得六九〇万円以上	二五二、六〇〇円＋（かかった医療費－八四二、〇〇〇）×一％〈多数回該当 一四〇、一〇〇円〉	
	課税所得三八〇万円以上六九〇万円未満	一六七、四〇〇円＋（かかった医療費－五五八、〇〇〇）×一％〈多数回該当 九三、〇〇〇円〉	
	課税所得一四五万円以上三八〇万円未満	八〇、一〇〇円＋（かかった医療費－二六七、〇〇〇）×一％〈多数回該当 四四、四〇〇円〉	
一般※1	課税所得一四五万円未満※2	一八、〇〇〇円	五七、六〇〇円〈多数回該当:四四、四〇〇円〉
低所得者	市町村民税非課税等	八、〇〇〇円	二四、六〇〇円（低所得Ⅱ）
	所得が一定以下		一五、〇〇〇円（低所得Ⅰ）

※1　収入の合計額が五二〇万円未満（1人世帯の場合は三八三万円未満）の場合も含みます。
※2　旧ただし書所得の合計額が二一〇万円以下の場合も含みます。

(6)　療養に関する期間が著しく長く、かつ、一定の高額な治療を継続して行う必要のある疾病として厚生労働大臣の定めるものについては、保険者の認定を受けた場合は、自己負担額を月一万円（七十歳未満の人工透析をしている上位所得者は二万円）とします。なお、厚生労働大臣の定める疾病としては、血友病、人工透析治療を行う必要のある慢性腎不全及び抗ウイルス剤を投与している後天性免疫不全症候群（ＨＩＶ感染を含み、厚生労働大臣の定める者に係るものに限ります）が指定されています。

㈟　血友病及び抗ウイルス剤を投与している後天性免疫不全症候群（ＨＩＶ感染を含み、厚生労働大臣の定める者に係るものに限ります）については、自己負担分についても公費負担となっています。

⑺　当該療養のあった月以前の十二ヵ月以内に既に高額療養費が支給されている月数が三ヵ月以上ある場合（高額療養費多数回該当）は、四ヵ月目から高額療養費算定基準額が軽減されます。

平成三十年度からは、都道府県も国保の保険者となることに伴い、多数回該当の判定は、同一都道府県内の市町村間における住所移動であって、かつ世帯の継続性が認められる場合には、直近十二ヶ月間中の該当回数を通算されたものによることとされました。ただし、住所移動月において、複数市町村で高額療養費の支給があったとしても、その月の多数回該当に係る該当回数のカウントは一回とされます。

２　申請と現物給付

被保険者が同一の月にそれぞれ一の保険医療機関等について療養を受けた場合において、一部負担金、保険外併用療養費負担額又は訪問看護療養費負担額の支払いが行われなかったときは、高額療養費は現物給付されます。この取り扱いを受けることができるのは、年齢・所得区分によって限度額適用認定を受けて医療機関の窓口で認定を受けていることの確認を受けた被保険者とされています。この場合、被保険者が、被保険者証により被保険者資格確認を受けたときは、電子的確認を受けることができる場合を除き、過去に取得した当該患者の資格に係る情報を用いて確認する場合、被保険者証に添えて、限度額適用・標準負担額減額認定証等を当該保険医療機関に提出しなければならないとされています。現物給付を受けるための年齢・所得区分による要件をまとめると次表のようになります。

年齢・所得区分	限度額適用認定	提示する限度額適用認定証等
七〇歳未満の低所得者以外	要	限度額適用認定証
七〇歳以上の現役並み所得者Ⅲ・一般	不要	—
七〇歳以上の現役並み所得者Ⅱ・Ⅰ	要	限度額適用認定証
七〇歳未満・七〇歳以上の低所得者	要	限度額適用・標準負担額減額認定証

十一　高額介護合算療養費

平成二十年四月に創設された高額介護合算療養費制度については、支給要件および支給額が次のとおり設定されています。

(1)　七十歳未満の被保険者の自己負担限度額（注1）

所得区分	高額療養費算定基準額
旧ただし書所得　九〇一万円超	二一二万円
旧ただし書所得　六〇〇万円超　九〇一万円以下	一四一万円
旧ただし書所得　二一〇万円超　六〇〇万円以下	六七万円

旧ただし書所得二一〇万円以下	六〇万円
低所得者（市町村民税非課税等）	三四万円

(2)

七十歳以上七十五歳未満の被保険者の自己負担限度額（注１）

現役並み所得者Ⅲ	課税所得六九〇万円以上	二一二万円
現役並み所得者Ⅱ	課税所得三八〇万円以上六九〇万円未満	一四一万円
現役並み所得者Ⅰ	課税所得一四五万円以上三八〇万円未満	六七万円
一般区分	課税所得一四五万円未満（注２）	五六万円
低所得者Ⅱ	市町村民税世帯非課税	三一万円
低所得者Ⅰ	市町村民税世帯非課税（所得が一定以下）	一九万円（注３）

（注１）対象世帯に七十から七十四歳までと七十歳未満が混在する場合、まず七十から七十四歳までの自己負担合算額に限度額を適用した後、残る負担額と七十歳未満の自己負担合算額を合わせた額に限度額を適用する。

（注２）収入の合計額が五二〇万円未満（一人世帯の場合は三八三万円未満）の場合及び旧ただし書所得の合計額が二一〇万円以下の場合も含む。

（注３）介護サービス利用者が世帯内に複数いる場合は三一万円。

前年八月一日から七月三十一日までの一年間に、被保険者が世帯内で国保など医療保険と介護保険の両保険から給付を受けることによって、自己負担額が高額になったときは、被保険者の申請により、医療保険・介護保険を通じた自己負担限度額が適用され、高額介護合算療養費として払い戻されることになります（五百円以上の場合に限ります）。

また、平成二十九年八月からの七十歳以上の被保険者の高額療養費の算定基準の見直しに伴い、高額介護合算療養費についても同様に平成三十年八月に見直しが行われました。

なお、見直しが行われた高額介護合算療養費の詳細については別添1のとおりです。

別添1

高額介護合算療養費制度の見直しについて

制度概要

○　高額介護合算療養費制度とは、医療保険と介護保険における1年間（毎年8月1日～翌年7月31日）の自己負担の合算額が高額な場合に、さらに負担を軽減する制度。
※　医療保険制度の世帯に介護保険の受給者がいる場合に、被保険者からの申請に基づき、高額療養費の算定対象となる世帯単位で、医療保険と介護保険の自己負担を合算した額が限度額を超えた場合に支給。
※　給付費は、医療保険者、介護保険者の双方が、自己負担額の比率に応じて按分して負担。

見直し内容

○　現役並み所得者については、現役世代と同様に、細分化した上で限度額を引き上げ。
○　一般区分については、限度額を据え置く。

＜現行＞

	70歳以上（注2）
現役並み（年収370万円～） 健保 標報28万円以上 国保・後期 課税所得145万円以上	67万円
一般（年収156～370万円） 健保 標報26万円以下 国保・後期 課税所得145万円未満（注1）	56万円
市町村民税世帯非課税	31万円
市町村民税世帯非課税 （所得が一定以下）	19万円（注3）

細分化＋上限引き上げ

据え置き

＜平成30年8月～＞

	70歳以上（注2）	［参考］70歳未満（注2）
年収約1160万円～ 標報83万円以上 課税所得690万円以上	212万円	212万円
年収770万～1160万円 標報53～79万円 課税所得380万円以上	141万円	141万円
年収370万～770万円 標報28～50万円 課税所得145万円以上	67万円	67万円
一般（年収156～370万円） 健保 標報26万円以下 国保・後期 課税所得145万円未満（注1）	56万円	60万円
市町村民税世帯非課税	31万円	34万円
市町村民税世帯非課税 （所得が一定以下）	19万円（注3）	

（注1）収入の合計額が520万円未満（1人世帯の場合は383万円未満）の場合及び旧ただし書所得の合計額が210万円以下の場合も含む。
（注2）対象世帯に70～74歳と70歳未満が混在する場合、まず70～74歳の自己負担合算額に限度額を適用した後、残る負担額と70歳未満の自己負担合算額を合わせた額に限度額を適用する。
（注3）介護サービス利用者が世帯内に複数いる場合は31万円。

十二　出産および死亡に関する給付

被保険者の出産および死亡も保険事故としており、これに対して、条例または規約の定めるところにより出産育児一時金の支給、または、葬祭費の支給（葬祭の給付）を行うこととしています。ただし、財政事情等の特別の理由があるときは、その全部または一部を行わないことができるものとされています。

この給付は、相対的法定給付といわれています。それは、市町村は給付額、給付要件などを条例、国保組合は規約で個々に定めることができるからです。

出産育児一時金の支給は、平成十九年度実績でほとんどの市町村・組合で実施されており、その額は三十八万円（補助基準額）としている市町村・組合が最も多いようです。他の社会保険から給付される場合は除かれます。なお、平成二十一年一月からの産科医療補償制度の創設に合わせ、出産育児一時金は三十五万円から三十八万円に引き上げられました。

産科医療補償制度は、通常の妊娠・分娩にもかかわらず脳性麻痺となった小児に補償金三千万円を支払うというものですが、運営組織の財団法人日本医療機能評価機構が契約者となる損害保険に分娩機関ごとに加入し、一分娩当たり一万二千円の保険料を支払うことになります。これにより出産費用の上昇が予想されるため、出産育児一時金の引き上げが配慮されました。

さらに、出産育児一時金は、平成二十一年十月から平成二十三年三月までの暫定措置として、出産等に係る妊産婦の経済的負担を軽減するため、四万円引き上げられて四十二万円とされ、平成二十三年四月から恒久措置となりました。さらに、出産費用は年々上昇する中で、平均的な標準費用を全て賄えるようにする観点から、「全施設」の平均出産費用を勘案するとともに、近年の伸びを勘案し、直近の出産費用も賄える額に設定するために、出産育児一時金の額は、令和五年四月から全国一律で五〇万円とされました。

また、葬祭費の支給は、ほとんどの市町村・組合で実施されており、その額は一定ではありませんが、一万円から五万円のところが一番多い状況です。

十三　その他の給付

市町村及び組合は、条例または規約の定めるところにより、傷病手当金の支給、その他の保険給付を行うことができるとされています。

保険給付は、被保険者の疾病、負傷、出産、死亡に関する給付に限定されますが、給付の種類や給付内容については、市町村・組合の判断に委ねられているので、これらの保険事故に対応するものであれば、財政の健全を保てる範囲で任意給付として実施することができます。

国保組合で傷病手当金（被保険者が療養のため一定期間業務に従事できないときに支給）の支給がわずかに行われているのが現状です。

十四　保険給付の制限

国民健康保険の保険給付は、一定の保険事故が発生した場合に、被保険者の権利として請求される性質のものですが、保険給付を行うことが実際上困難であるとき、公費で必要な医療が行われるとき、保険事故が被保険者の故意によるものであるとき、闘争、泥酔、著しい不行跡によるものであるとき、被保険者が市町村・組合や医師の指示に従わないとき等、一定の合理的な理由がある場合には、その保険給付を行わないか、制限を加えることとしていますが、給付制限に関する法の規定は、療養の給付について定められていますが、療養の給付が制限さ療養の給付が制限されるときは、療養の給付に代えて支給される療養費も当然制限されます。

療養の給付、療養費の支給以外の給付についても、条例または規約により合理的と認められる限り、給付制限を行うことができます。

法が規定する給付制限は次のとおりです。

(1) 被保険者が少年院等に収容されたとき、監獄等に拘禁されたときに、その期間の療養の給付は行われません。

(2) 被保険者が、自己の故意の犯罪行為により、または故意に疾病にかかり、または負傷したときは、療養の給付は行われません。

これらの給付制限は、絶対的なものであり、市町村・組合には、制限を行うかどうか、一部か全部かという裁量の余地はありません。

被保険者が闘争、泥酔または著しい不行跡によって傷病にかかったときは、療養の給付の全部、または一部を行わないことができるとされています。

また、正当な理由なしに療養に関する指示に従わないときは、療養の給付の一部を行わないことができるとされています。

市町村及び組合は、療養の給付を行う場合に必要があるときは、被保険者等に対し、強制診断等をさせることができるとされていますが、正当な理由なしにこれらの命令に従わないときは、療養の給付の全部、または一部を行わないことができるとされています。

これらは、相対的な給付制限であって、これらの事例が発生したときは、給付制限を行うかどうか、およびどの程度の給付制限を行うかは、市町村・組合の裁量に委ねられています。

㈲　資格証明書を交付された被保険者については、保険給付の全部または一部を一時差し止めることができるとされています。

また、平成十二年四月からは、政令で定める特別の事情がなく、保険料（税）を納期限から一年六カ月間滞納した者については、保険給付の全部又は一部を必ず差し止めることとされ、さらには、当該一時差止めに係る保険給付の額から滞納保険料（税）額を控除することができることとされています。

なお、保険給付の差止めは、資格証明書が交付されているか否かにかかわらず、市町村・組合が行うことができるものであり、差止めの範囲は、現金給付化した療養費だけでなく、高額療養費、葬祭費なども含むものです。

第七節　国民健康保険の給付と他制度の給付との調整

わが国においては、昭和三十六年からすべての国民が何らかの医療保険制度の対象となる国民皆保険体制が確立されましたが、この制度も職業により、また事故の発生原因によって、各種の医療保険制度に分かれております。国民健康保険の被保険者が、他の医療保険の各制度から、医療給付を受けることができる場合は、国民健康保険では給付をしないことになっています（国民健康保険法第五十六条第一項）。この規定は、同一の傷病について、国民健康保険法における医療の給付と、他の法令による給付が受けられるときは、それぞれの制度から重複して給付することを調整するために設けられているものです。

本来、医療保険の各制度においては、医療給付をする場合、原則として現物給付を建前としていることから、それぞれの制度から重複して給付することは考えられません。

しかしながら、同一の傷病に対して、二つ以上の制度から給付を受ける権利がある場合に、どの医療制度から優先して給付が受けられるのか、その費用負担の責任上からも、順序を明らかにしておくことが必要です。

国民健康保険法第五十六条に規定されている他法との調整内容を大別しますと

1 被用者保険各法との調整
2 介護保険法との調整
3 災害補償保険各法との調整
4 他の法令に基づく国または地方公共団体の負担により行われる医療給付との調整

の四つに区分することができますが、以下順を追ってその要点を説明します。

一 被用者保険各法との調整

国民健康保険の被保険者が同一の傷病について、次の被用者保険各法による医療に関する給付を受けることができる場合は、国民健康保険法による療養の給付は行われません。

なお、被用者保険各法から給付を受けることができる場合とは、現実に給付を受けていなくとも、受けることが明らかな場合は、受けることができる場合に含まれます。

1 健康保険法
2 船員保険法

3　国家公務員共済組合法
4　私立学校教職員共済法
5　地方公務員等共済組合法
6　高齢者の医療の確保に関する法律

被用者保険各法の医療に関する給付には、被保険者の療養の給付だけではなく、被扶養者である家族療養費の支給も含まれます。

二　介護保険法との調整

要介護者等は、日常生活動作の介助だけでなく、その機能の維持回復を図ることが必要であり、また、原因となる何らかの病気を持つ場合が多くあります。

そこで介護保険においては、要介護者等の心身の特性を踏まえ、介護の必要性に対応する医療サービスが給付されます。具体的には、主治医による医学的管理等、看護師等による訪問看護、訪問・通所リハビリテーション等の在宅サービスのほか、医療提供施設である療養病床等や介護老人保健施設への入院・入所といった医療サービスが保険給付の対象とされています。

これら介護保険と国民健康保険など医療保険の給付が重なる部分については、介護保険の給付が優先することとなっています。

なお、平成二十年四月より医療保険と介護保険の両保険から給付を受けることによって、自己負担額が高額になったときは、両保険を合算したときの自己負担限度額が適用される高額介護合算療養費制度が施行されました。

三　災害補償保険各法との調整

被保険者が、ある傷病について次の法令により療養補償、療養補償費の支給、または医療に関する給付を受けることができるときは、差額支給に該当する場合を除いて、国民健康保険法による療養の給付は行われません。

1　労働基準法の規定による療養補償
2　労働者災害補償保険法の規定による療養補償給付もしくは療養給付
3　国家公務員災害補償法の規定による療養補償
4　防衛省の職員の給与等に関する法律の規定による療養補償
5　裁判所職員臨時措置法の規定による療養補償
6　地方公務員災害補償法もしくは同法に基づく条例の規定による療養補償
7　政令（施行令第二十九条）で定める次の法令による医療に関する給付
(1)　国会議員の歳費、旅費及び手当等に関する法律
(2)　国会職員法
(3)　船員法
(4)　災害救助法
(5)　労働基準法等の施行に伴う政府職員に係る給与の応急措置に関する法律
(6)　消防組織法
(7)　消防法

(8) 水防法
(9) 特別職の職員の給与に関する法律
(10) 警察官の職務に協力援助した者の災害給付に関する法律
(11) 海上保安庁に協力援助した者等の災害給付に関する法律
(12) 公立学校の学校医、学校歯科医及び学校薬剤師の公務災害補償に関する法律
(13) 証人等の被害についての給付に関する法律
(14) 裁判官の災害補償に関する法律
(15) 災害対策基本法
(16) 戦傷病者特別援護法
(17) 国会議員の秘書の給与等に関する法律
(18) 原子爆弾被爆者に対する援護に関する法律
(19) 武力攻撃事態等における国民の保護のための措置に関する法律
(20) 新型インフルエンザ等対策特別措置法

これらの法律に基づく給付は、この傷病の発生原因が、業務上またはこれに準ずる原因によるため、国民健康保険の被保険者であっても、これらの法律による給付がされますが、この場合には、国民健康保険法による療養の給付は行われないことになります。

災害救助法の場合は、都道府県知事の従事命令、または協力命令（災害救助法第七条第一項、第八条）による従事、協力した者が傷病を患い、または死亡した場合に支給される扶助金（災害救助法第十二条）が調整の対象と

なります。

なお、日本体育・学校健康センター法との調整はなく、療養の給付を行うことが必要です（昭和三十五年五月十一日保険発第六十一号の2）。

四　他の法令に基づく国または地方公共団体の負担により行われる医療給付との調整

国民健康保険の被保険者の同一の傷病について、国または地方公共団体の負担によって、医療に関する給付が行われたときも、差額支給に該当する場合を除いて、国民健康保険法の療養の給付は行われません。

これらの法令に該当する主なものは、次のとおりですが、これらのほとんどの医療給付は、公衆衛生、社会福祉の見地から行われ、受給者が権利として請求できるものではないため、前記一および二とは異なり、これらの法令による「給付が行われた場合にのみ」調整することとなります。

なお、この調整はどちらの制度の給付を優先して行うかについて取扱い上の例示がされております。
1　精神保健及び精神障害者福祉に関する法律（保険給付優先）
2　感染症の予防及び感染症の患者に対する医療に関する法律（基本的に保険給付優先）
3　原子爆弾被爆者に対する援護に関する法律（同法第十八条に係る部分を除く）（保険給付優先）
4　児童福祉法（保険給付優先）
5　母子保健法（保険給付優先）
6　高齢者の医療の確保に関する法律
以下、その主なものについて説明します。

１　精神保健及び精神障害者福祉に関する法律との調整

精神保健及び精神障害者福祉に関する法律の適用については、同法第二十九条の適用を受ける入院措置患者に保険給付が優先して給付が行われます。原則的には、保険給付後の残額が公費負担となります（ただし、所得に応じた費用徴収が行われます）。

２　感染症の予防及び感染症の患者に対する医療に関する法律との調整

感染症の予防及び感染症の患者に対する医療に関する法律の適用については、同法第十九条、第二十条及び第二十六条の適用を受ける一類、二類感染症患者と、同法第四十六条の適用を受ける新感染症患者と、その他の三類、四類、五類感染症患者とに区分されます。

一類、二類感染症患者について、入院措置がとられた場合は保険給付が優先され、同法第三十九条によって、国民健康保険により給付を受けるときは、その限度において都道府県は負担を要しないこととなっており、残額は公費で負担されます（ただし、所得に応じて自己負担額が課せられます）。

新感染症患者については、保険給付は行われず、全額が公費負担となります。

三類、四類、五類感染症患者については、公費負担は行われず、一般の医療と同様に原則として保険給付後の残額が患者負担となります。

３　原子爆弾被爆者に対する援護に関する法律との調整

原子爆弾被爆者に対する給付については、同法第十条による原子爆弾の傷害作用によって負傷し、または疾病にかかり、現に医療を必要とする状態にある被爆者に対する医療給付と、同法第十八条による原子爆弾の傷害作用以外の理由によって起こった負傷、または疾病（一般疾病）とに区分されます。

同法第十条の原子爆弾の傷害作用による負傷または疾病については、既に、「三、災害補償保険各法との調整」において説明したとおり公費負担が優先し、全額が原爆医療から給付されます。

同法第十八条による一般患者に対する医療給付については、国民健康保険法による保険給付が優先し、残りの一部負担金相当額に対して公費負担されます。

4 児童福祉法、母子保健法との調整

児童福祉法および母子保健法の規定による医療の給付で、次に掲げるものは、国民健康保険法による療養の給付が優先して行われます。

(1) 養育医療
(2) 療育医療
(3) 児童福祉施設に入所している児童、または里親に委託されている措置児童が受ける医療で「児童福祉法による収容施設措置費国庫負担金の交付基準について（昭和四十三年厚生省発児第六十七号）」通知の医療費の対象となるもの

5 高齢者の医療の確保に関する法律との調整

高齢者の医療の確保に関する法律は、医療保険制度加入者のうち、六十五歳以上七十五歳未満の前期高齢者に係る保険者間の費用負担の調整、七十五歳以上の後期高齢者および一定程度の障害の状態にある旨の後期高齢者医療広域連合の認定を受けた六十五歳以上七十五歳未満の者に対する適切な医療の給付等を行うために必要な制度を設け、高齢者の福祉の増進を図ることを目的として制定された法律です。

当該法律は、後期高齢者医療制度の発足にあわせ、平成二十年四月一日に老人保健法から現在の題名に変更さ

れました。

後期高齢者医療制度による医療を受ける者については、それまで加入してきた国民健康保険などの医療保険制度による医療給付は行われません。

高齢者の医療の確保に関する法律による後期高齢者医療給付として、療養の給付、または入院時食事療養費、入院時生活療養費、保険外併用療養費、療養費、訪問看護療養費、特別療養費および移送費の支給、高額療養費および高額介護合算療養費の支給、その他後期高齢者医療広域連合の条例で定めるところによる給付があります。

後期高齢者医療制度による療養の給付を受ける者は、定率一割（一定以上の所得の者は三割）の一部負担金を支払うこととされています。

後期高齢者医療に要する費用は、被保険者が納める一割の保険料を除けば、国、都道府県、市町村による公費負担として約五割、現役世代の各医療保険の被保険者からの後期高齢者支援金として約四割を負担することとされています。

保健事業としては、後期高齢者医療広域連合が、健康教育、健康相談、健康審査、その他の被保険者の健康の保持増進のために必要な事業を行うよう努力しなければならないことが規定されています。

6　障害者総合支援法による自立支援医療

平成十八年四月から、公費負担医療として行われてきた①育成医療（児童福祉法）、②更生医療（身体障害者福祉法）、③通院医療（精神保健及び精神障害者福祉に関する法律）は、障害者自立支援法に基づく自立支援医療に移行し、平成二十五年四月から障害者の日常生活及び社会生活を総合的に支援するための法律による自立支援医療に移行しています。自立支援医療では、支給認定の手続きや医療者負担のしくみが共通化されましたが、それぞれの医療の内容や実施主体については従来と同様です。

第八節　保健事業

国民健康保険法においては、市町村及び組合は特定健康診査等を行うものとするほか，これらの事業以外の事業であって、健康教育、健康相談及び健康診査並びに健康管理及び疾病の予防に係る被保険者の自助努力についての支援その他の被保険者の健康の保持・増進のために必要な事業を行うよう努めなければならないと定められています。

国民健康保険は、被保険者の疾病、負傷について医療給付を行うことを主な目的としておりますが、そうした傷病が起きないようにすることや、疾病を早期に発見して重症化を防ぎ、自ら健康になろうとする努力を支援し、地域全体の衛生・保健向上を図るために行う事業が保健事業です。

また、自ら保険給付を行う場、すなわち診療所・病院を設置する事業も行っており、これら人的、物的、有形無形の活動すべてを総称したものが国民健康保険の保健事業となります。

保健事業は、市町村が主に実施主体となって行うものであり、地域的な特性に応じ、必要なものを幅広く実施するものであることから、その範囲は、国民健康保険の枠を超え、一般の保健・医療行政と重複する面が多いと考えられます。

例えば、病院等の設置や運営にしても、疾病の予防等の保健活動にしても、地域住民全体がその対象でなければ、十分な効果が期待できない性格のものであると考えられ、国民健康保険独自で行うという考え方から一歩進めて市町村全体の保健事業として捉え、一般会計で行われる保健事業と有機的連携を取りつつ実施することも必要となります。

こうしたことから、国は保険者が実施する保健事業について国民健康保険財政調整交付金による助成の対象とし、昭和五十八年度から実施したヘルスパイオニアタウン事業（平成七年度から国保総合健康づくり推進事業、平成十四年度から国保総合健康づくり支援事業に変更）をはじめ、様々な助成を行うことにより保険者が実施する保健事業の推進を図ってきたところです。

平成十七年度からは、糖尿病等をはじめとする生活習慣病の一次予防に重点を置いた被保険者個々の健康づくりの取組みに対して、「個別健康支援プログラム」に基づいて国保保険者が主体的に支援する事業として「国保ヘルスアップ事業」を実施し、「国保総合健康づくり支援事業」は、平成十七年度限りで廃止されました。

また、平成十二年四月から、国民が主体的に取り組む健康づくり運動を総合的に推進することを目的として、二〇一〇年度を目途とした目標等を提示する「二十一世紀における国民健康づくり運動（健康日本21）」を定め、国や地方公共団体をはじめとして、広く関係団体等の参加及び協力を得ながら、地域保健事業、老人保健事業及び医療保険者による保健事業等の連携等といった健康づくりのための事業の一体的かつ効果的な実施に資するための環境整備等を図っています。

「健康日本21」では、現在の疾病対策の中心である疾病の早期発見や治療に留まることなく、生活習慣を改善して健康を増進し、生活習慣病等の発病を予防する「一次予防」に重点を置いた対策を強力に推進し、壮年期死亡の減少や寝たきりなどにならずに生活できる期間（健康寿命）の延伸等を図ることを目標としています。

平成十九年の高齢者の医療の確保に関する法律の改正により、保険者に対し、平成二十年四月からは、四十歳から七十五歳未満の被保険者及び被扶養者を対象とする、内臓脂肪型肥満の予防に着目した特定健康診査及び特定保健指導の事業を計画的に行うことが義務付けられました（同法第十九条）。特定保健指導の対象者は、特定健康診査によって健康保持を要すると判断された者で、主に「内臓脂肪の蓄積」の有無やＢＭＩ「その他いくつかのリスクの数」などによって判断されます。その結果は受診者全員に「情報提供」がなされます。特定保健指導の該当者は「動機づけ支援」「積極的支援」に階層化され、医師・保健師・管理栄養士等の面接・指導のもとに行動計画を策定します。また積極的支援では三カ月以上の支援が行われます。いずれも半年後にその評価を行います。

平成二十年四月からは、国保法に基づく保健事業の実施指針が改正され、保健事業の中核として特定健診・特定保健事業の概念を盛り込みつつ、保健事業によって健康の保持・増進が図られ、医療費の適正化や財政基盤の強化が図られることが重要との方向が明確化されました。

平成二十六年には、レセプト・健診情報等のデータの分析に基づく、効率的・効果的な保健事業をＰＤＣＡサイクルで実施するための事業計画であるデータヘルス計画の策定、実施及び評価を定める改正が実施されました。

平成二十八年六月には、国保法改正を踏まえ、同指針について健康管理及び疾病の予防に係る被保険者の自助努力についての支援としてインセンティブを保険者が提供する上で留意すべき事項を記載するほか、日本健康会議の取組についての事項を記載する、保険者協議会の法律上の規定を明記するなどの改正が行われました。

また、平成三十年四月一日には、都道府県が国民健康保険の財政運営の責任主体として中心的な役割を担うことになったことに伴い、同指針について第六の見出しが「都道府県の役割」とされ、都道府県の役割として、市町村及び組合並びに国民健康保険団体連合会における保健事業の運営が健全に行われるよう、必要な助言及び支援を行うなど積極的な役割を果たすことなどが改めて示されました。

なお、市町村国保における保健事業実施にあたっては、国が市町村に対して特別調整交付金を交付し、その必要経費を助成してきました。国保改革施行により平成三十年度以降、この市町村の必要経費に係る助成は、国が都道府県に対して特別調整交付金として交付し、都道府県は市町村に対してその同額を保険給付費等交付金として交付することとなりました。

また、令和二年度より、国民健康保険保険者努力支援交付金に予防・健康づくり支援分が新設され、特別調整交付金で行われていた従来の国保ヘルスアップ事業を統合し、自治体における予防・健康づくりの取組を後押しする、都道府県ヘルスアップ支援事業と市町村国保ヘルスアップ事業が実施されています。

なお、国保法改正により令和二年から、市町村は、保健事業のうち高齢者の心身の特性に応じた事業を行うに当たっては、高齢者の医療の確保に関する法律に規定する高齢者保健事業及び介護保険法に規定する地域支援事業と一体的に努めることとされました。都道府県は、市町村及び組合が行う保健事業に関して、必要な支援を行うよう努めなければならないこととされ、当該支援のため、市町村に対し、保険給付の審査及び支払いに係る情報等の提供を求めることができることとされました。また、指針についても、これらの国保法改正に準じた改正等の改正が行われました。

そして、国保法改正により令和四年から、市町村及び組合は、労働安全衛生法等による健診の情報を保健事業で活用できるよう、事業者に対し被保険者等の健診情報を求めることが可能とされました。

令和五年には指針について、社会情勢の変化等に対応した保健事業として保険者による新たな保健事業の計画・立案の契機となるよう先進的な取組例について記載する、データヘルス計画に基づく事業の評価を適切に行う観点から、保険者間での実績の比較等を可能にする共通評価指標を明記する、委託事業者を活用した保健事業の活用手法（共同事業・ＰＦＳ事業）について記載するといった改正が行われました。

第九節　国民健康保険団体連合会

国民健康保険団体連合会（以下「連合会」といいます）は、国民健康保険の保険者が共同して、その目的達成のための事業を行うために設立された公法人です。連合会は国民健康保険の保険者を会員として、都道府県単位で設立され、その都道府県の都道府県及び市町村並びに組合の三分の二以上が加入すると、他の都道府県及び市町村並びに組合もその連合会に加入しなければならないことになっております。これは、診療報酬の審査支払いに関する事務が、連合会に委託されることになっていることから、業務を統一的かつ効率的に行うための措置と考えられます。

連合会には、診療報酬請求書の審査を行うため、診療報酬審査委員会を置かなければならないことになっております。この審査支払いに関することについては、第五章で詳しく説明します。

連合会の仕事で最も大きいものは、この診療報酬の審査支払いの事務ですが、このほか保険者間の事務の共同処理、保健事業、資金の融資、事業の調査研究等が共同事業として行われます。具体的には、病院の経営や健康診断、特定健康診査・特定保健事業、レセプト審査の研究や共同実施、第三者行為求償事務の実施等があげられます。

連合会には、執行機関として理事会（理事五人以上）、監査機関として監事（二人以上）、議決機関として総会または代議員会が置かれます。また、連合会は、規約の変更や予算等について都道府県知事の認可を受けなければならないのをはじめとして、事業状況の報告等、厚生労働大臣や都道府県知事の指導監督を受けることになっております。

また、国民健康保険の全国組織として、全国の連合会を会員として組織された国民健康保険中央会（以下「中央会」といいます）があります。これは、昭和二十三年に当時の国民健康保険制度刷新連盟を母体として発足し、昭和三十四年一月に現在の中央会となったものです。この中央会では、各種の研究会の開催、研修事業、統計の作成や配付、広報事業を行っているほか、昭和五十年九月からは診療報酬の審査支払いの全国決済の業務、昭和六十年七月からは診療報酬特別審査委員会を設置し、高額なレセプトについて特別な審査をする業務、平成五年十一月からは高医療費地域等における対策を積極的に推進していくため、国保特別対策基金を設置し、その運用益をもって高医療費地域を抱える連合会の特別対策事業を支援しています。このほか、中央会は、国民健康保険の充実発展のための中央組織として、多方面に活躍しているものです。

また、令和二年十月一日施行の法改正により、連合会の業務運営の基本理念と業務が新たに規定されました。業務運営の基本理念について、連合会は診療報酬請求書の審査における公正性及び中立性の確保を通じた国民の保健医療の向上及び福祉の増進、診療報酬請求書情報等の分析等を通じた国民の保健医療の向上及び福祉の増進並びに医療費適正化、情報通信の技術の活用による業務運営の効率化の推進並びに業務運営における透明性の確保に努めるとともに、医療保険制度の安定的かつ効率的な運営に資するよう、支払基金と有機的に連携しつつ、診療報酬の適正な請求に資する支援等を行うよう努めなければならないこととされました。

また、業務について連合会は療養の給付に要する費用等の請求に関する審査及び支払の業務を行うとともに、診療報酬請求書及び特定健康診査等に関する記録に係る情報その他の国民の保健医療の向上及び福祉の増進並びに医療費適正化に資する情報の収集、整理及び分析並びにその結果の活用の促進に関する事務等を行うことができることとされました。

第三章　国民健康保険の財政の仕組み

第一節　国民健康保険特別会計

市町村の国民健康保険事業は、国民健康保険特別会計を設けて経理されています。

この特別会計の支出額には、保険給付等に必要な経費、国民健康保険事業費納付金の納付に要する費用、保健事業の設置運営に必要な経費および事業の管理・運営のために必要な経費が計上されます。

国民健康保険事業費納付金の納付に要する費用には、前期高齢者納付金及び後期高齢者支援金等並びに介護納付金の納付に要する費用が含まれます。

一方、収入額には、国から交付される国庫支出金と被保険者からの保険料を充てて都道府県が市町村に交付する国民健康保険保険給付費等交付金を二大収入財源とし、このほか、都道府県からの負担等、一般会計からの繰入金、経過措置として存続している退職者医療制度に係る被用者保険からの拠出金によって賄われる療養給付費交付金などを財源として計上しております。

一般に、被用者を対象とする医療保険の場合は、保険料を主たる財源として事業を行っていますが、この保険料は、原則として事業主と被保険者が折半負担することとなっています。国民健康保険の場合は、世帯主が保険料（税）を負担することになりますが、被用者保険における事業主負担に見合うものがないことや、もともと財政基盤が弱いことなどを考慮して、療養給付費負担金をはじめとして、国が大幅な財政援助を行っています。

国民健康保険特別会計は、一般の会計と異なり、支出額に応じて収入額を確保しなければならない点に大きな特色があります。一般の会計の場合は、収入の見込額に応じて、事業の種類や規模を決めて予算を組み、年度途中で収入の見込額に減少が予想されれば、事業を縮小して、収支の均衡を図ることも可能ですが、国民健康保険の場合は、支出額は被保険者の医療需要に応じて変動するものであって、収入がないからといってこれを抑えることはできないという性質を持っています。ここに、国民健康保険の予算編成、あるいは執行上、他の会計と異なる難しさがあるといえます。

なお、都道府県は、平成三十年度からの国保財政の運営主体の都道府県化に伴い、国民健康保険特別会計を設けることが義務付けられました。都道府県の国民健康保険特別会計においては、国民健康保険保険給付費等交付金の交付に要する費用その他の国民健康保険事業に要する費用を負担しています。

第二節　国民健康保険事業の予算の組み方

国民健康保険の予算は、医療需要に見合った収入を確保しなければならず、収入が少ないからといって主な支出である医療給付費を削減することができないという性格を持っております。これが、国民健康保険予算と他の官公庁予算との違いであり、また運用の難しいところです。以下、国民健康保険の予算編成とその運用について、特に気をつけなければならないことをいくつか取り上げてみたいと思います。

一　医療費の見積りはデータを検討して

国民健康保険予算で、何といっても最も難しいのは医療費の見積りでしょう。これが的確でないと、予算全体が狂ってしまいます。それは、他の支出や、国庫支出金、国民健康保険保険給付費等交付金、国民健康保険事業費納付金、保険料（税）は、すべてこの見積りの医療費を基礎にして積算することになるからです。

医療費の見積りにあたっては、単に過去の伸び率で引き伸ばすのではなく、特殊な高額の医療費を要する患者が発生していないか、いれば、その患者は来年も引き続くかどうか、感染症の流行の周期はどうか、医療費改定の状況やその影響はどうか、といったことまで配慮する必要があるでしょう。

二　予備費は必ず計上する

最近は、どの保険者も予備費を計上するようになってきているようですが、まだ、その額が極めて少額なため、予備費としての機能が十分に果たされていないところがあるようです。

国民健康保険事業の支出の大半が医療費という非常に把握困難な不確定要素の大きいもので、しかも財源不足を理由に支出の削減をすることのできないものであるだけに、見積りを下回ったときはよいとして、見積り額を上回ったときの対策を考えておく必要があります。それは、給付費財源を大きくとっておくか、予備費を組むこととなりますが、給付費を当初の段階で見込まれる額より大きく組むことは、予算の性格上なじまないし、妥当なやり方とはいえないでしょう。そうすると、予備費として組んでおくことになるでしょう。

この予備費として組む額は、給付費増加に対応するための財源のうち、保険料（税）に見合うものだけでよいのです。それは、国が負担する療養給付費等負担金や調整交付金は、国の義務負担として、給付費が増加すれば、それに見合って予算額に関係なく交付されるからです。このことは、例えば、予備費を療養給付予算額の三パーセントを組んだとしますと、療養給付費が六パーセント増加しても、これで賄えることになるのです。それは、医療費のうちの保険者負担分（高額療養費支給額を含みます）が七十八パーセント（自己負担分が約二十二パーセント）で、このうち療養給付費等負担金約三十一パーセント、調整交付金約八パーセントとすると、保険料（税）で賄う分は約三十九パーセントということになります。予備費の三パーセントというのは、この三十九パーセント相当分が増大したときに備えたものです。三十九パーセントが増大するということは、同じ比率で他の部分も増加することとです。そしてこの三パーセントは、医療費の約七十八パーセントに当たる給付費予算額の三パーセントですから、医療費全体に対しては二・三パーセント（3×0.78≒2.3）ということになり、これは前記の保険料（税）財源の三十九パーセントに対して六パーセント（2.3÷39≒0.059≒0.06）にあたるわけです。こういうことになりますから、医療費が六パーセント増えても、予備費二・三パーセント、国庫負担増二・三パーセント、一部負担金（三割分）一・四パーセントの配分で賄えるということになるわけです。

三　国庫支出金は基準どおりに

国民健康保険事業に要する経費のうち、ほぼ五割が国庫支出金によっております。

国庫支出金は、このように国民健康保険予算に占める比率が大きいだけに積算を誤ると収支への影響も大きくなりますから、それだけに正確な積算が要求されます。

国の負担金や補助金については、政令や省令でその積算方法が示されているのが通常です。臨時の補助金のように、あらかじめ示されていないものもありますが、このような不確定なものは、別に予算編成方針や補助金交付要綱などとして厚生労働省から積算方法が示されるのが通例です。もっとも、この予算編成方針等は、国の予算案が確定する一月以降でないと示すことができないでしょうから、独自に判断する必要があるかもしれません。

しかし、国民健康保険事業は、毎年継続して実施されていく社会保障制度ですから、その内容に大きな変動が生じることは通常考えられないことです。制度改正が見込まれるときは、相当に早くから、そのニュースが伝えられるのが普通です。したがって、通常は前年度の指数を用い、前年度、前々年度の実績等を参考にして積算すれば、ほぼ正確なものになると考えられます。

四　一般会計からの繰入れ金

国民健康保険特別会計に市町村一般会計から繰入れを行うことがあります。この場合、何に対してどういう割合で繰入れるのかを明らかにしておく必要があります。各年度の一般会計の財政事情によって増減したのでは、国民健康保険特別会計の財政が全く安定しないことになってしまいます。この繰入れのルールは、法律や条例等によるもののほか、予算措置としてルールを確立しておく方式も多く用いられております。

各市町村共通の繰入れとしては、国と地方の財源調整の一環として、次のような経費について地方財政措置が講じられ一般会計から繰入れすることになっています。

１　保険基盤安定制度による繰入れ

国民健康保険は、構造的に保険料（税）負担能力の低い低所得者の加入割合が高く、他の被保険者の保険料（税）負担が相対的に重いものとなっています。この問題に対応するため、低所得者に対する保険料（税）軽減相当額を公費で負担しています。

具体的には、市町村は、政令の定めるところにより、保険料（税）軽減相当額を一般会計から国保特別会計に繰り入れなければならないこととされており（法第七十二条の三第一項）、都道府県は、政令の定めるところにより、その繰入金の四分の三に相当する額を負担することとなっています。

また、この他、市町村は、政令の定めるところにより、一般会計から、所得の少ない者の数に応じて国民健康保険の財政の状況その他の事情を勘案して政令の定めるところにより算定した額を国保特別会計に繰り入れなければならないこととされており（法第七十二条の四第一項）、国、都道府県は、政令の定めるところにより、それぞれ繰入金の二分の一、四分の一を負担することとなっています。

２　国保財政安定化支援事業としての繰入れ

国保財政の健全化及び保険料負担の平準化に資するため、保険基盤安定制度に基づく保険料（税）軽減額が多いこと、いわゆる低所得者負担能力補填分に対する支援措置、病床過剰分に対する支援措置及び六十歳代の高齢被保険者を一定割合以上抱える保険者に対する支援措置として、市町村の一般会計からの繰出しを認め、地方財政措置が講じられています。

３　出産育児一時金に対する繰入れ

出産育児一時金の給付基準額四十八・八万円の三分の二を市町村の一般会計から繰出すこととして地方財政措

置が講じられています。

4　未就学児に係る国民健康保険料等の被保険者均等割額の減額措置に関する繰入れ

六歳に達する日以後の最初の三月三十一日以前である保険者について保険料（税）の減額賦課につき減額した額の総額の四分の一を一般会計から繰出すこととして地方財政措置が講じられています。

5　出産した被保険者等に係る国民健康保険料等の免除措置に関する繰入れ

出産する予定の被保険者または出産した被保険者について行う保険料（税）の減額賦課につき減額した額の総額の四分の一を一般会計から繰出すこととして地方財政措置が講じられています。

6　事務費の繰入れ

国民健康保険の通例の事務の執行に要する費用は、国保事務が市町村においてすでに同化定着していることから、累次の臨調・行革審等の答申等を踏まえ、介護納付金の納付金の納付に関する事務費を除き、これを一般財源化し国保特別会計へ繰出すこととし、所要の地方財政措置が講じられています。

なお、保険者の支出している事務費のうち、国の負担や地方財政措置の対象外となる経費がありますが、市町村の行政方針とか、独自の事情に基づくものといえる性格のものですから、一般会計で支弁すべきものです。

その他一般会計からの繰入れの対象とするべき経費としては、次のようなものが考えられます。

7　いわゆる福祉医療の波及分

市町村独自に実施している、いわゆる福祉医療は、国民健康保険財政にも大きな波及があるのです。例えば、七割給付を十割給付にした場合、医療費は通例三十パーセントから五十パーセント増大するといわれておりま す。これは健康保険制度の創設から戦前まで健康保険の数理を担当した保険数理学者でもある長瀬恒蔵氏の理論で、その後の各種の実績で、若干の修正はされておりますが、その理論が正しいものであることが実証されております。したがって、七割給付を九割なり十割とした場合に、公費で二割なり三割を負担しただけでは不十分なのです。ベースとされた国民健康保険の給付分の七割相当の部分も、受診率や医療費の増大によって、三十パーセントから五十パーセント増加することになるのです。

この増加部分については、保険料（税）によるか、一般会計からの繰入れによって対処することになります。

五　保険料（税）は支出額から国庫金等を引いた額を計上

国民健康保険の予算は、医療費の支出額を正確に積算し、これから一定ルールにしたがって国庫支出金や一般会計からの繰入れ金が算出され、その残りの財源が保険料（税）ということになります。国民健康保険料（税）収入予算の積算は、所得額に保険料（税）率を掛けたりして行うのではなく、支出総額から国庫支出金見込額、一般会計繰入れ予定額、その他の収入見込額を控除した額を計上するものです。それは、他の財源が一定ルールにしたがってほぼ自動的に積算され、かつ、支出の方が財源不足を理由に削減できないという性格を有するものである以上、あとの財源はすべて保険料（税）に求めざるを得ないからです。

そして、保険料（税）率というのは、保険料（税）として必要な額を、所得や被保険者数に按分して各世帯に割り振るための率、すなわち「按分率」ということになるのです。したがって、所得割の算定の基礎に用いる所得や世帯数、被保険者数等が確定しない年度開始前の予算編成の時点では、この率は決定できないものなのです。

平成三十年度に国保財政の運営主体が都道府県化された後もこの基本的な考え方には変わりはありません。都道府県においては医療給付費から公費等による収入額を控除して算定した都道府県内の保険料収納必要額を市町村ごとの医療費水準と所得水準等で按分し、市町村ごとの国保事業費納付金の額を決定します。市町村においては、国民健康保険事業費納付金の納付に要する費用等に充てるため、世帯主から保険料（税）を徴収することになります。

六　予算は本算定時に見直しを

予算というものは、年度当初に組まれるので、その後の経済事情その他の変化に応じるため、その執行にあたって、常に検討を加える必要があるものです。特に、国民健康保険の予算は、先に述べたとおり医療費という不測な動きをする要素を抱えているためにその必要性が高いのです。さらに、国民健康保険事業は、支出が財源事情によって削減できないのみではなく、財源の一方の柱である保険料（税）が年一回の決定であり、余程のことがない限り、この修正が難しいという事情があります。

このため、保険料（税）率を決定し、保険料（税）額を各世帯別に確定する、いわゆる本算定は、よほど慎重に行わなければなりません。この時期に必要な検討を怠ったり、判断を誤ると、その年度の収支に重大な影響を及ぼすことになるのです。

このため、少なくとも次の事項についての再検討が必要です。

1　医療費について、予算編成後の実績により、編成時と同様の検討を加えるほか、医療費改定の動きがあれば、それに必要な修正を加えなければなりません。

2　医療費の修正が生じると、国庫支出金の額も当然に修正の必要が生じます。

3　世帯数や被保険者数について補正する必要が生じているかもしれません。

４　保険料（税）の所得割の算定の基礎に用いる所得が確定したわけですから、その額が、予算編成時の推計値と違っていれば、調整交付金の額にも変動が生じることになります。

５　一般会計からの繰入れ金についても、ルールにしたがって再計算する必要があります。

６　保険料（税）収入額は、以上の再計算された額によって、予備費も含めた支出見込み総額から国庫支出金、一般会計からの繰入れ金その他収入見込み総額を控除した額を算出して計上するのは、当初編成時と同じです。

７　以上の再検討により、予算の補正を行う必要が生じるでしょう。当初予算に比べてごくわずかの変更なら補正の必要もないかもしれませんが、通常の場合、補正を必要とすることになるでしょう。

８　６により算出された保険料（税）収入の現年度分相当額を予定収納率で割った額、すなわち、予算額に年度内に収納の見込めない額を上積みした額が、賦課総額ということになります。この額を基準として、いわゆる保険料（税）率を決定し、各世帯に賦課することになるわけです。

第三節　国民健康保険保険給付費等交付金

都道府県は、当該都道府県内の市町村に対し、当該市町村の国保特別会計において負担する療養の給付等に要する費用その他の国保事業に要する費用について、国民健康保険保険給付費等交付金（以下、保険給付費等交付金といいます）を交付することとされています。

保険給付費等交付金は、市町村が保険給付に要した費用を市町村に交付する役割を有すると同時に、市町村の財政状況等の個別の事情に着目した財政調整を行う役割も有します。都道府県が、市町村が賦課徴収した保険料

（税）を納付金として取りまとめ、その他公費と併せたうえ、保険給付に充てるための財源である保険給付費等交付金として市町村に交付する仕組みであり、安定した国保運営のために不可欠な機能を果たすものです。

保険給付費等交付金はその役割から、①市町村の保険給付に要した費用を交付する役割を有する「普通交付金」、②個別の事情に着目した交付を行う「特別交付金」の二つに分けて考えられます。

都道府県は、条例や規則・交付要綱等において保険給付費等交付金の交付の詳細について定める必要があり、その内容は「国民健康保険保険給付費等交付金ガイドライン」を踏まえ、検討することが求められています。また、交付は国保運営方針との整合性を確保して行うよう努めることが求められているため、交付規則等についての協議は都道府県内市町村との連携会議の場等において国保運営方針と合わせて行うことが望まれています。

第四節　国民健康保険事業費納付金と標準保険料率

一　国民健康保険事業費納付金

都道府県は、当該都道府県の国保特別会計において負担する保険給付費等交付金の交付に要する費用その他国保事業に要する費用に充てるため、条例で、年度ごとに、当該都道府県内市町村から国民健康保険事業費納付金（以下、保険事業費納付金といいます）を徴収するものとされ、市町村は保険事業費納付金を納付しなければならないこととされています。

市町村ごとの保険事業費納付金の額は都道府県が決定するものであり、その額は都道府県内の保険料収納必要額（医療給付費－公費等による収入額）を市町村ごとの医療費水準と所得水準等で按分して決定されます。算定方法については「国民健康保険における納付金・標準保険料率の算定方法について」において示されています。都道府県においては、当ガイドラインを踏まえて、市町村や関係者と議論を行った上で都道府県内の納付金及び標準保険料率の算定ルールを定め、それに基づいて、納付金額等を市町村に提示します。

二　標準保険料率

都道府県は、標準的な住民負担の「見える化」や将来的な保険料負担の平準化を図る観点から標準保険料率を示すこととされており、毎年度、当該都道府県内の市町村ごとの保険料率の標準的な水準を表す「市町村標準保険料率」、当該都道府県内のすべての市町村の保険料率の標準的な水準を表す「都道府県標準保険料率」を算定し、これら二つの標準保険料率を当該都道府県内の市町村に通知するものとされています。

二つの標準保険料率は、それぞれ次のとおりとなります。

(1)　市町村標準保険料率

①　各市町村のあるべき保険料率の見える化を図り、②各市町村が具体的に目指すべき、直接参考にできる値を示すという二つの役割を担います。

各市町村は、市町村標準保険料率を参考に保険料率を決定し、賦課・徴収を行い、徴収した保険料等を財源として納付金を都道府県に支払います。

(2)　都道府県標準保険料率

市町村標準保険料率の算定に用いた保険料総額をもとに、都道府県標準保険料率を全国統一の算定基準により求め、これにより、都道府県のあるべき保険料水準の見える化を図ります。

各市町村の保険料率の算定基準が、都道府県の定める標準的な算定基準と異なる場合などには、市町村標準保険料率は、当該市町村の現状の保険料設定と大きく異なることとなります。この場合、市町村は市町村標準保険料率を将来目標として参考にするとしても、直近の年度の保険料設定においては参考にできない可能性があるため、都道府県は市町村標準保険料率に、あわせて各市町村の算定基準をもとに算定した保険料率も示すよう努めることとされています。なお、この各市町村の算定基準をもとに算定した保険料率は、法令上の根拠があるものではなく、参考に示すものです。

第五節　国民健康保険料(税)

国民健康保険制度は、保険技術を用いた社会保障制度です。したがって、この制度の目的である傷病等に対する保険給付を行うための財源としては、被保険者から納めてもらう保険料(税)が主体になるわけです。ところが、国民健康保険は、その被保険者が比較的低所得層や高齢者を多く抱えていることや、他の社会保険のように事業主負担がないこと等から国庫負担が非常に多く、財源のほぼ五割にも達しております。しかし、これは制度の体質からくるものですから、やはり最も重要な財源は保険料(税)であるというべきでしょう。

一　保険料か保険税か

国民健康保険制度は、先にも述べましたが、保険の技術を用いた社会保障制度ですから、主な財源はあくまで保険料に求めるべきものです。国民健康保険法第七十六条に「市町村は、当該市町村の国民健康保険に関する特別会計において負担する国民健康保険事業費納付金の納付に要する費用（当該市町村が属する都道府県の国民健康保険に関する特別会計において負担する前期高齢者納付金等及び後期高齢者支援金等並びに介護納付金の納付に要する費用を含む。以下同じ。）、財政安定化基金拠出金の納付に要する費用その他の国民健康保険事業に要する費用に充てるため、被保険者の属する世帯の世帯主（当該市町村の区域内に住所を有する世帯主に限る。）から保険料を徴収しなければならない。」と規定されているのがそれです。保険料は、療養の給付等に要する費用等について交付される保険給付費等交付金に充てられる国民健康保険事業費納付金を都道府県に納付するために、市町村が徴収するものです。ところが、同条には、ただし書きがついていて、「ただし、地方税法の規定により国民健康保険税を課するときは、この限りでない」とされております。

これは、市町村が地方税法によって、任意に課することができるとされている国民健康保険税を賦課した場合は、目的が重複する国民健康保険料は徴収しなくてよろしいという規定です。これは、国民健康保険の草創期に、保険料という名目では徴収が困難だということから、「税」というかたちで徴収することができるようにしようということで、昭和二十六年に設けられたものです。これによって、国民健康保険税によっている市町村数が全体のほぼ九割にも達しております。しかし、これを被保険者数でみてみますと六割程度になっております。これは、規模の大きい都市に保険料方式をとっているところが多いからです。

ところが、保険料か保険税かどちらがよいのか、という議論があります。保険制度である限り、保険料によるのが本筋だという筋論もある一方、地方公共団体として徴収するのは税一本の方がよい、保険料では納める側も義務観念が薄くなるという実務上からの意見もあるようです。主な利害得失をあげてみると、次のような点が考えられましょう。

1　賦課徴収の手続きで、他の地方税との協同作業がやりにくくなるという市町村があるようです。例えば、集合課税（徴収）方式（各種の税を内訳をつけるだけで、まとめて賦課徴収する方式）をとる場合とか、納付組織の活用や所得申告等についての税務課との連携がうまくいかないのではないかという意見があります。

2　いわゆる保険料（税）率は、保険税方式をとる場合、条例で規定する必要があります。保険料の場合は、算定方法のみを条例に規定して具体的な率（応益割では額）は、告示でよいとされております（これは、賦課総額が予算として議会の議決を得ており、率（応益割では額）は自動的に算出された数字にしかすぎないという理論です）。

3　保険税の場合は、徴収権の消滅時効は五年ですが、保険料の場合は二年です。

このように、保険料か保険税かについては、いろいろの議論があり、それぞれに長所短所があるようです。保険税が、昭和二十六年に創設された当時の主な原因である税のほうが納付義務観念が強くなるという理由が、その後どのように変化したか、各市町村の実状に即応して、保険である限り、自主性の強い保険料によるべきだという原則も配慮して決めるべき問題のようです。

二　国民健康保険の保険料（税）の仕組み

国民健康保険の保険料については、国民健康保険法施行令（以下「施行令」といいます）に示された基準にしたがって、国民健康保険税については、地方税法の規定に基づき、その賦課及び徴収等に関する事項を条例（国民健康保険組合は規約）で定めることとされています。

１　賦課総額

これは、他の税にみられない国民健康保険の保険料（税）独特のものです。すなわち、料（税）率を決めてから、所得等にその率を掛けて賦課するのでなく、保険料（税）収入額を先に決めて、それを所得等に按分して賦課するという方式になっているのです。

施行令や地方税法の医療給付費に係る賦課総額をもう少し具体的に述べると次のようになります。

国民健康保険料（税）の基礎賦課総額（標準基礎課税総額）（被保険者均等割額又は世帯別平等割額を減額することとなる額を含みます）は、⑴療養の給付等に要する費用等の額等の合算額の見込額から⑵国の補助金の額等の見込額を控除した額とされています。ただし、天災その他特別の事情がある場合等による国民健康保険料（税）の減免を行う場合には、この額に基礎賦課額（基礎課税額）の減免の額の総額の見込額を合算した額とすることができます。

⑴　療養の給付等に要する費用等の額等

①　療養の給付等に要する費用等の額

②　国民健康保険事業費納付金の納付に要する費用（後期高齢者支援金等及び介護納付金の納付に要する費用に充てる部分を除きます。）の額

③　財政安定化基金拠出金の納付に要する費用の額

④　財政安定化基金事業借入金の償還に要する費用の額

⑤　保健事業に要する費用の額

⑥　その他国保特別会計において負担する国民健康保険事業に要する費用（国民健康保険の事務の執行に要する費用を除きます。）の額

(2)　国の補助金の額等

①　国の補助金の額（法第七十四条）

②　都道府県及び市町村の補助金及び貸付金の額（法第七十五条）

③　国民健康保険保険給付費等交付金の額

④　その他国保特別会計において負担する国民健康保険事業に要する費用（国民健康保険の事務の執行に要する費用を除きます。）のための収入の額（出産育児交付金を含み、市町村の特別会計への繰入金（第七十二条の三第一項、第七十二条の三の二第一項、第七十二条の三の三第一項）を除く）

さらに、実務的には、具体的に保険料（税）を賦課するにあたっては、この額を予定収納率で割った額にする必要があります。例えば、前記の原則で積算した額が一億円として、その保険者の収納率が九十七パーセント程度であったとした場合に、具体的に保険料（税）として調定し、賦課しなければならない総額は、1億円÷0.97＝103,092千円ということで一億三百九万円余ということになるわけです。

平成十二年四月の介護保険施行後の国民健康保険料（税）の賦課額は、これまでの医療給付費分の賦課額（基礎賦課額又は基礎課税額）と介護保険第二号被保険者に係る介護納付金分の賦課額（介護納付金賦課額又は介護納付金課税額）の合算額となりました。

また、平成二十年四月からの後期高齢者医療制度施行に伴い、国民健康保険料（税）の賦課額は、医療給付費

分の賦課額と後期高齢者支援金分等の賦課額および介護保険第二号被保険者に係る介護納付金分の賦課額の合算額に改められています。

2　応能割額と応益割額

国民健康保険の保険料（税）は、他の社会保険が所得比例（国民年金は定額）になっているのに対し、所得や資産等、その人の負担能力に応じた負担と、世帯当たりに一定額あるいは被保険者一人当たり一定額という、定額というか利益を受ける期待率といったものに比例して負担する部分とから構成されております。

この応能割額と応益割額を具体的に実現するため、次の三つの方式が規定されています。いずれの方式をとるか及びその構成比率は市町村の条例の定めるところによります。

また、都道府県においては「都道府県国民健康保険運営方針」の記載事項「市町村における保険料の標準的な算定方法に関する事項」で、標準的な保険料（税）算定方式について、いずれの方式をとるか、標準的な保険料の応益割と応能割の割合をどの程度にするか、所得割と資産割、均等割と平等割の割合をそれぞれどの程度にするか定めることとされています。

区分	四方式	三方式	二方式
所得割総額	○	○	○
資産割総額	○		
被保険者均等割総額	○	○	○
世帯別平等割総額	○	○	

3　賦課限度額

国民健康保険の給付は、大半が医療給付ですから、納めた保険料（税）の多少にかかわらず、誰もが同じ内容の給付を受けることになります。このため、保険料（税）は負担能力があるからといって無制限にとるわけにはいきません。一方、下限についても応益割を賦課することによって、最小限の負担を求めております。

賦課限度額は、現行の施行令や地方税法の規定では、令和六年度において医療分六十五万円、後期高齢者支援金分等二十四万円、介護分十七万円とされております。

三　保険料（税）率の決め方

国民健康保険の保険料（税）率は、前にも何回か触れましたが、通常の税と違って、収入予定額が先に決まり、それを所得や被保険者数等に按分するものです。したがって、通常、保険料（税）率といっているのは、実は「按分率」というべきものなのです。事実、地方税法でも国民健康保険税については、「税率」という文言は用いておりません。それのみでなく、他の税には見られない「賦課（課税）総額」というものを規定しております。そして、その賦課（課税）総額を応能割・応益割に一定比率で配分し、それぞれについて、所得なり、被保険者数なりに按分して賦課（課税）する、と規定されております。

したがって、国民健康保険のいわゆる医療給付費分の賦課額（後期高齢者支援金分等の賦課額）に係る保険料（税）率は、次のようにして算定されることになります。

1　予算上、被保険者に係る保険料（税）として確保しなければならない額が算定されます。

2　1の額を予定収納率で割った額が賦課総額ということになります。これは百パーセント徴収できれば問題ありませんが、そうでないと歳入欠陥を生じることになりますから、その額を上積みして賦課するということです。たとえば、一億円を必要とし、収納率が九十七パーセント見込まれるとすると、1億円÷0.97＝103,092千円ということになって、賦課総額としては一億三百九万円余が必要ということになります。

3　2の賦課総額を、所得割総額、資産割総額、被保険者均等割総額、世帯別平等割総額に、条例に規定された比率にしたがって分けます。

4　世帯別平等割総額を賦課期日における被保険者の属する世帯の数で割った額が、世帯別平等割額の料（税）率です。

5　被保険者均等割総額を賦課期日における被保険者の数で割った額が、被保険者均等割額の料（税）率です。

6　資産割総額を被保険者に係る固定資産税額等（資産割の算定基礎に用いる額）で割った率が、資産割の料（税）率です。

7　所得割総額を被保険者に係る課税総所得金額で割った率が、所得割額の料（税）率です。この場合に、賦課限度額を超える世帯の、その超える部分に対応する所得額は、前記の課税総所得金額から控除しておく必要があることに注意しなければなりません。賦課限度額を超える部分についての調整を所得割額のみで行うことは、必ずしも妥当ではありませんが、限度額を超える主な原因が所得額にあるのが通例であるところから、ここでは所得割額で行うこととしたわけです。

8　介護納付金分・後期高齢者支援金等分の賦課額に係る保険料（税）率についても、医療給付費分の賦課額の保険料（税）率の算定と同様の方法により算定します。

四　所得割の算定の基礎

国民健康保険料（税）に占める所得割の比率は、近年大きくなりつつあります。そこでこの所得割額の算定の基礎を何によるべきかについて考えてみる必要があるわけです。施行令および地方税法の規定によりますと、いわゆる旧ただし書方式を採用しています。

ここでいう「旧ただし書方式」というのは、地方税法でいう総所得金額（給与所得控除や事業所得の経費を控除した額）、山林所得金額及び上場株式等にかかる配当所得等から基礎控除額を控除した額をいいます。総所得金額から基礎控除額を差し引くのみであるため、所得割額を納める世帯の数が多くなり、所得割総額を世帯に按分した場合に、各世帯の負担率（所得に対する保険料（税）の比率）がほぼ同率に近い状態になるという利点があります。しかし、低額所得者にも所得割額を賦課することになり、低額所得者の負担が重くなるという問題があります。

五　保険料（税）の軽減制度

保険料（税）負担の厳しい所得の低い被保険者層については、保険料（税）のうち応益部分を軽減する制度が設けられています。

その軽減の割合は、所得が基礎控除額（四十三万円（給与・年金所得者の数が二以上の場合は、四十三万円＋十万円×（給与・年金所得者の数－一））以下の世帯では七割、所得が基礎控除額（四十三万円（給与・年金所得者の数が二以上の場合は、四十三万円＋十万円×（給与・年金所得者の数－一））＋二十九万五千円×世帯人数以下の世帯では五割、所得が基礎控除額（四十三万円（給与・年金所得者の数が二以上の場合は、四十三万円＋十万円×（給与・年金所得者の数－一））＋五十四万五千円×世帯人数以下の世帯では申請に基づいて二割の軽減となっています。

また、同一世帯に国民健康保険から後期高齢者医療制度に移行する特定同一世帯所属者がいる国保被保険者は、基礎賦課額及び後期高齢者支援金等の賦課額の世帯別平等割額に関し、五年間は二分の一に、五年以後の三年間を四分の一に軽減する措置が設けられています。当該保険料の軽減に関しては、世帯主ならびに世帯主と同一世帯に属する被保険者および特定同一世帯所属者の合計数および総所得金額で判定を行うこととされています。

また、市町村は、世帯に未就学児である被保険者がいる場合においては、当該世帯の世帯主に対して賦課する被保険者均等割額を減額し、その額は、市町村の当該年度分の保険税に係る当該被保険者均等割額に一〇分の五を乗じて得た額とされています。軽減分の二分の一を国が、四分の一を都道府県が、四分の一を市町村が負担するとされています。

また、子育て世帯の負担軽減、次世代育成支援等の観点から、国・地方の取組として、国保制度において出産する被保険者に係る産前産後期間相当分（４ヶ月間）の均等割保険料及び所得割保険料を減額することとし、軽減分の四分の一を市町村が、四分の一を都道府県が、二分の一を国が負担することとされています。

六　国民健康保険の特別徴収

国民健康保険料の徴収の方法として、介護保険法の特別徴収に係る規定を準用することとされています。すなわち、世帯主が国保被保険者かつ世帯全員が六十五歳以上七十五歳未満の国保被保険者で、当該年の四月一日現在、年金保険者から年額十八万円以上の老齢もしくは退職、障害または死亡のいずれかの年金給付の支払いを受けている者、または世帯主の介護保険料と国民健康保険料の合算額が支給年金額の二分の一を超えない者は、給付中の当該年金から国民健康保険料を天引きするとされています。

なお、保険料納付の方法は選択制とされ、原則として要件を問わず普通徴収（口座振替）に切り替えることが可能となっています。

第六節　国民健康保険の国庫負担（補助）金等のあらまし

国民健康保険は、地域住民を対象とする医療保険制度であり、被用者を対象とする健康保険制度と、保険的方法を建前とする点は異なりません。しかし、被用者保険における保険料の事業主負担に相当するものがないこと、被保険者に低所得者層を含むことなどから、被用者保険に比べ国庫負担（補助）金が多く導入されています。特に人口の高齢化の進行等により老人被保険者を多く抱えた国民健康保険の財政が極めて逼迫する状態となったため、昭和五十七年度から老人保健制度が施行（平成二十年四月より老人保健制度に代わる後期高齢者医療制度が創設）されるなど、国民健康保険にも手厚い施策が施されています。

最近の年度における国の一般会計中の国民健康保険助成費は、表４－１のようになっています。

次に国庫負担（補助）金の種類ごとに、その目的、補助方針などを順次説明します。

〔表4-1〕令和６年度国民健康保険助成費の概要（予算案）　　（国民健康保険課）

事　項	令和５年度予算額	令和６年度予算額(案)	対前年度比較増▲減額	対前年度伸率(%)	摘　要
	千円	千円	千円		
市町村等の国民健康保険助成に必要な経費	3,246,265,207	3,236,059,224	▲10,205,983	▲0.31	
(項) 医療保険給付諸費	2,998,332,625	2,992,664,385	▲5,668,240	▲0.19	
(目) 国民健康保険療養給付費等負担金	1,636,244,237	1,630,072,637	▲6,171,600	▲0.38	
療養給付費負担金	1,390,487,686	1,389,117,485	▲1,370,201	▲0.10	※こども医療費の減額調整廃止分を計上
保険基盤安定等負担金	245,756,551	240,955,152	▲4,801,399	▲1.95	※産前産後保険料負担金分（12ヶ月分）を計上
(目) 国民健康保険後期高齢者医療費支援金負担金	527,283,314	522,986,266	▲4,297,048	▲0.81	
(目) 国民健康保険財政調整交付金	565,064,252	563,354,040	▲1,710,212	▲0.30	
(目) 国民健康保険後期高齢者医療費支援金財政調整交付金	148,298,433	147,089,888	▲1,208,545	▲0.81	
(目) 国民健康保険保険者努力支援交付金	121,161,554	129,161,554	8,000,000	6.60	
(目) 健康保険組合等出産育児一時金臨時補助金	280,835	0	▲280,835		※令和5年度限りの経費
(項) 介護保険制度運営推進費	234,996,560	230,290,720	▲4,705,840	▲2.00	
(目) 国民健康保険介護納付金負担金	183,411,949	179,739,099	▲3,672,850	▲2.00	
(目) 国民健康保険介護納付金財政調整交付金	51,584,611	50,551,621	▲1,032,990	▲2.00	
(項) 健康増進対策費	12,936,022	13,104,119	168,097	1.30	
(目) 国民健康保険特定健康診査・保健指導負担金	12,936,022	13,104,119	168,097	1.30	
国民健康保険団体に必要な経費	3,340,281	2,774,733	▲565,548	▲16.93	
(目) 国民健康保険団体連合会等補助金	2,293,209	1,887,661	▲405,548	▲17.68	
(目) 高齢者医療制度円滑運営臨時特例交付金	12,775	12,775	0	0.00	
(目) 国民健康保険制度関係業務事業費補助金	1,034,297	874,297	▲160,000	▲15.47	

（国民健康保険課）

事　項	令和5年度予算額	令和6年度予算額(案)	対前年度比較増▲減額	対前年度伸率(%)	摘　要
	千円	千円	千円		
国保組合の国民健康保険助成に必要な経費	**270,535,199**	**264,944,711**	**▲5,590,488**	**▲2.07**	
（項）医療保険給付諸費	**247,523,537**	**242,298,880**	**▲5,224,657**	**▲2.11**	
（目）国民健康保険組合療養給付費補助金	181,514,454	176,068,752	▲5,445,702	▲3.00	
（目）国民健康保険組合後期高齢者医療費支援金補助金	58,188,487	58,269,781	81,294	0.14	
（目）国民健康保険組合出産育児一時金等補助金	5,432,620	5,792,512	359,892	6.62	
出産育児一時金補助金	2,143,750	2,029,875	▲113,875	▲5.31	
高額医療費共同事業補助金	3,288,870	3,762,637	473,767	14.41	
（目）国民健康保険組合事務費負担金	2,172,967	2,167,835	▲5,132	▲0.24	
（目）健康保険組合等出産育児一時金臨時補助金	215,009	0	▲215,009	▲100.00	※令和5年度限りの経費
（項）介護保険制度運営推進費	**22,438,364**	**22,058,297**	**▲380,067**	**▲1.69**	
（目）国民健康保険組合介護納付金補助金	22,438,364	22,058,297	▲380,067	▲1.69	
（項）健康増進対策費	**573,298**	**587,534**	**14,236**	**2.48**	
（目）国民健康保険組合特定健康診査・保健指導補助金	573,298	587,534	14,236	2.48	
国民健康保険関係助成費総計	**3,520,140,687**	**3,503,778,668**	**▲16,362,019**	**▲0.46**	
うち（項）医療保険給付諸費	**3,249,196,443**	**3,237,737,998**	**▲11,458,445**	**▲0.35**	
うち（項）介護保険制度運営推進費	**257,434,924**	**252,349,017**	**▲5,085,907**	**▲1.98**	
うち（項）健康増進対策費	**13,509,320**	**13,691,653**	**182,333**	**1.35**	

一　療養給付費等負担金（補助金）

１　目的・性格

国民健康保険事業の健全な発展を図るため、医療費の相当部分について国が負担し、被保険者の保険料（税）負担の緩和を図るものです。

都道府県に関しては国民健康保険法第七十条において、国民健康保険組合に関しては、同法第七十三条において定められた法定の定率負担（補助）金です。

２　補助方針

⑴　都道府県

当該都道府県内の市町村による被保険者に係る療養の給付に要する費用の額から当該給付に係る一部負担金に相当する額を控除した額並びに入院時食事療養費、入院時生活療養費、保険外併用療養費、療養費、訪問看護療養費、特別療養費、移送費、高額療養費及び高額介護合算療養費の支給に要する費用の額の合算額（医療給付費といいます）から第七十二条の三第一項の規定による繰入金及び法第七十二条の四第一項の規定による繰入金の合算額の二分の一相当額を控除した額と、前期高齢者納付金及び後期高齢者支援金、介護納付金並びに流行初期医療確保拠出金の納付に要する費用の額（高齢者の医療の確保に関する法律の規定による前期高齢者交付金（以下「前期高齢者交付金」といいます）がある場合には、これを控除した額）の合算額の百分の三十二に相当する額を国が負担することになっています。

(2) 国民健康保険組合

次の一及び二の合算額とされます。

一 次に掲げる額の合算額に組合の財政力を勘案して百分の十三から百分の三十二までの範囲内において政令で定める割合を乗じて得た額

イ 医療給付費の額から、組合特定被保険者（健康保険法第三条第一項第八号又は同条第二項ただし書の規定による承認を受けて同法の被保険者とならないことにより当該組合の被保険者となった者及びその世帯に属する被保険者）に係る特定給付額を控除した額

ロ 前期高齢者納付金及び後期高齢者支援金、介護納付金並びに流行初期医療確保拠出金の納付に要する費用の額（前期高齢者交付金がある場合には、これを控除した額）から、組合特定被保険

〔図4-1〕 被保険者の所得水準の高い国保組合の国庫補助の見直し

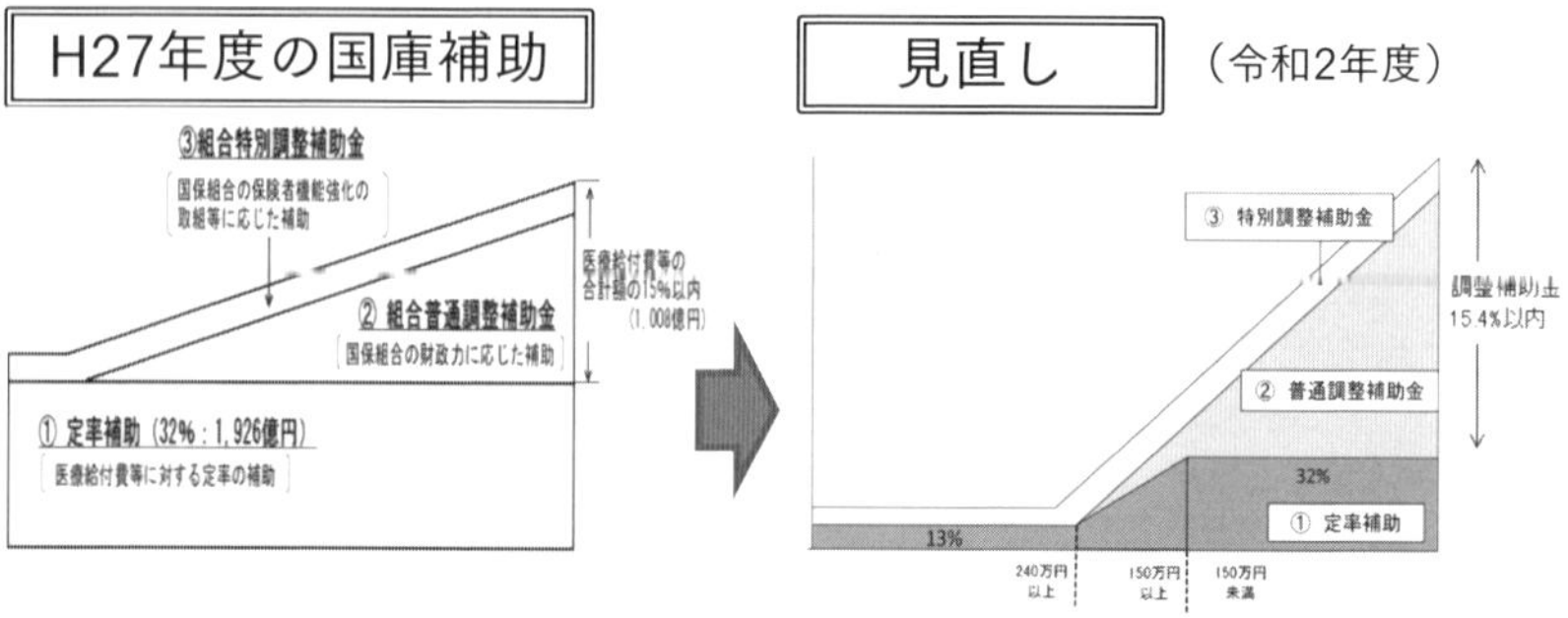

所得水準の高い国保組合の国庫補助の見直し

	国保組合の平均所得	平成27年度	平成28年度～令和元年度	令和2年度
定率補助	150万円未満	32%	32%（現行通り）	
	150万円以上 160万円未満 ～ 240万円以上		※5年間かけて段階的な見直し	30.0% ※所得水準10万円毎に2%ずつ調整する、段階的なきめ細かい補助率を設定 13.0%
調整補助金の総額の国保組合の医療給付費等の総額に対する割合		15%以内		15.4%以内

者に係る特定納付費用額を控除した額

二　特定給付額及び特定納付費用額のそれぞれに特定割合を乗じて得た額の合算額

定率補助率は、平成二十七年度以前は一律で百分の三十二とされていましたが、被保険者の所得水準の高い国保組合の国庫補助については、負担能力に応じた負担とする観点から、各組合への財政影響も考慮しつつ、平成二十八年度から五年間かけて段階的に見直されました。（図４－１参照）。この見直しにより、令和二年度以後における補助率は、所得水準に応じて、百分の三十二、百分の三十、百分の二十八、百分の二十六、百分の二十四、百分の二十二、百分の二十、百分の十八、百分の十六、百分の十四、百分の十三とされました（別添表を参照）。

また、国民健康保険組合の財政力格差を調整するため、医療給付費等の総額の百分の十五・四に相当する額の範囲内で補助額が増額されています。この増額される補助には組合普通調整補助金及び組合特別調整補助金とがあり財政調整分と呼ばれています。

○2016年度以降における国保組合に係る定率補助率　〔別添表〕

	国保組合の平均所得	2015年度以前	2016年度	2017年度	2018年度	2019年度	2020年度
定率補助	150万円未満	32%	32%				
	150万円以上　160万円未満		31.6%	31.2%	30.8%	30.4%	30.0%
	160万円以上　170万円未満		31.2%	30.4%	29.6%	28.8%	28.0%
	170万円以上　180万円未満		30.8%	29.6%	28.4%	27.2%	26.0%
	180万円以上　190万円未満		30.4%	28.8%	27.2%	25.6%	24.0%
	190万円以上　200万円未満		30.0%	28.0%	26.0%	24.0%	22.0%
	200万円以上　210万円未満		29.6%	27.2%	24.8%	22.4%	20.0%
	210万円以上　220万円未満		29.2%	26.4%	23.6%	20.8%	18.0%
	220万円以上　230万円未満		28.8%	25.6%	22.4%	19.2%	16.0%
	230万円以上　240万円未満		28.4%	24.8%	21.2%	17.6%	14.0%
	240万円以上		28.2%	24.4%	20.6%	16.8%	13.0%
調整補助金の総額の国保組合の医療給付費等の総額に対する割合		15%以内	15.1%以内	15.2%以内	15.3%以内	15.4%以内	15.4%以内

3　交付

各年度とも療養給付費負担金（補助金）、前期高齢者納付金及び後期高齢者支援金負担金（補助金）並びに介護納付金負担金（補助金）については年数回に分けて概算交付が行われ、翌年度、実績の確定を待って過不足の精算が行われます。なお、国民健康保険組合に交付する財政調整分については、医療給付費の見込額により交付額の決定及び確定が行われます。

二　高額医療費負担金

平成三十年度から国保法の改正により、新たに高額医療費負担金の仕組みが導入されました。これは、平成二十九年度までの高額医療費共同事業の制度趣旨を引き継いだものであり、この仕組みにおいて国と都道府県は、高額な医療費（一件八十万円超）の発生による国保財政の急激な影響の緩和を図るため高額医療費負担金の四分の一ずつを負担します。

高額医療費負担金は、国保事業費納付金への調整を行う形で市町村に交付されます。すなわち、国保事業費納付金の市町村による按分は八十万円超も含めた医療費水準を用いて算出し、納付金算出後に、高額医療費の過去の実績額に応じ、高額医療費負担金による支援部分について、各市町村の国保事業費納付金額から差し引かれます。

国の負担分は国保法第七十条第三項において規定され、国は都道府県に対し、被保険者に係るすべての医療に関する給付に要する費用の額に対する高額な医療に関する給付に要する費用の割合等を勘案して、国民健康保険の財政に与える影響が著しい医療に関する給付として政令で定めるところにより算定する額以上の医療に関する給付に要する費用の合計額（高額医療費負担対象額）の四分の一に相当する額を負担するとされます。

都道府県は、国保法第七十二条の二第二項において、一般会計から、高額医療費負担対象額の四分の一に相当する額を当該都道府県の国民健康保険に関する特別会計に繰り入れなければならないとされます。

三　財政調整交付金

１　目的・性格

国保財政運営の責任主体が都道府県とされる以前の昭和三十三年に市町村の産業構造、住民所得、年齢構成等には相当の差異があり、また医療費需要にも質量両面の違いがあって、被保険者の保険料（税）負担能力や負担額にはかなりの格差が存在するため、定率補助のみでは解消できない市町村間の財政不均衡の是正を図るべく設けられたのが財政調整交付金です。平成三十年度の国保改正法施行後は第七十二条第一項において「都道府県等が行う国民健康保険について、都道府県及び当該都道府県内の市町村の財政の状況その他の事情に応じた財政の調整を行うため」と規定されました。

財政調整交付金は、被保険者に係る医療給付費から第七十二条の三第一項の規定による繰入金及び法第七十二条の四第一項の規定による繰入金の合算額（保険者支援制度による繰入金を含みます）の二分の一相当額を控除した額と前期高齢者納付金及び後期高齢者支援金、介護納付金並びに流行初期医療確保拠出金の納付に要する費用の額（前期高齢者交付金がある場合には、これを控除した額）との合算額の見込額の総額の百分の九に相当す

〔図4-2〕 普通調整交付金の算定方法

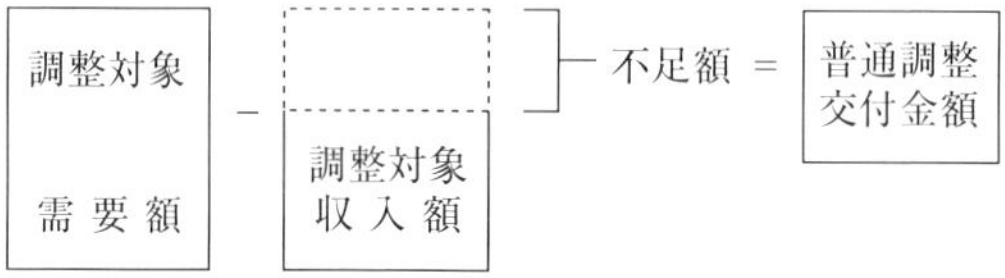

る額と第七十二条の三第一項の規定による繰入金及び法第七十二条の四第一項の規定による繰入金の合算額、調整算定省令第六条第一号ホからヌ又はヲの四分の一相当額の合計額が毎年度国の予算に計上されますが、定率補助と異なり過不足の精算はありません。

財政調整交付金は、一般的に都道府県間の財政調整を図ることを目的とした普通調整交付金と、都道府県・市町村の特別の財政需要に対処するための特別調整交付金に分けられます。なお、都道府県が確保すべき収入を不当に確保しなかったため、法第七十一条の規定による国庫負担の減額措置を受けたときは、当該市町村には調整交付金が交付されないこととされています（調交算定省令第七条第四項）。

2 普通調整交付金

普通調整交付金は、医療分と後期高齢者支援分と介護分に区分され、都道府県間の財政力の不均衡を調整するため、画一的な測定基準により、都道府県の財政力を判断したうえ交付されるものです。

そこで医療分の普通調整交付金に係る支出面の測定にあたっては、その大部分を占める医療費の実績を、全市町村同一給付率に置き換えて、前期高齢者納付金及び流行初期医療確保拠出金と合算し、その合算額から一部負担金と定率国庫負担金、都道府県繰入金、市町村の基礎賦課額に係る繰入金、子どもに係る国民健康保険料等の均等割額の減額措置に係る繰入金に相当する額の総額、出産時における保険料負担の軽減に係る繰入金、国・都道府県の高額医療費負担金・交付される特別調整交付金の一部を除いた、すなわち保険料で賄うべき医療費の額を対象とすることとされています。

なお、対象となる医療費は、前年度の十二月診療分から当該年度の十一月診療分までの医療費の実績をとることとされています。

収入面の測定にあたっては、医療費に対応して、都道府県が確保すべき保険料額を測定し、その保険料額は、医療費段階別に、取るべき応益保険料及び応能保険料を算定します。

すなわち、医療費が多額であれば、それ相当の多額の保険料を算定し、医療費が少額であれば、それ相当の少額の保険料を算定します。

また、後期高齢者支援分の普通調整交付金に係る支出面の測定にあたっては、後期高齢者支援金から定率国庫負担金、都道府県繰入金、市町村の後期高齢者支援金等賦課額に係る繰入金を除いた、すなわち保険料で賄うべき額を対象とすることとされています。

なお、対象となる後期高齢者支援金は、前年度の一月から当該年度の十二月までの間において後期高齢者支援金の納付額とされています。収入面の測定にあたっては、その保険料は、全国一律の応益保険料額及び応能保険料率により応益保険料及び応能保険料を算定することとされています。

また、介護分の普通調整交付金に係る支出面の測定にあたっては、介護納付金から定率国庫負担金、都道府県繰入金、市町村の介護納付金賦課額に係る繰入金を除いた、すなわち介護納付金のうち介護第二号被保険者の保険料をもって賄うべき額を対象とすることとされています。対象となる介護納付金は、前年度の一月から当該年度十二月までの間において介護納付金の納付額とされています。収入面の測定にあたっては、その保険料は、全国一律の応益保険料額及び応能保険料率による応益保険料及び応能保険料を算定します。すなわち、都道府県の

〔図4-3〕 調整対象需要額

○調整対象需要額

当該都道府県が本来保険料で賄うべきとされている暦年分の額

(1) 医療分の調整対象需要額の範囲(変更後)

医療給付費（12月～11月診療分） － 一部負担金（療養の給付費） ＝ 医療給付費保険者負担額（法定給付分）

医療給付費保険者負担額（法定給付分） ＋ 前期高齢者納付金 ＋ 流行初期医療確保拠出金 － 前期高齢者交付金 － 定率国庫負担金及び都道府県繰入金相当額

－ 特別調整交付金（1号ホ～ヌ、ヲ(※)及び附則） － 保険基盤安定繰入金（注） － 子どもに係る国民健康保険料等の均等割額の減額措置に係る繰入金 － 出産時における保険料負担の軽減に係る繰入金 － 高額医療費負担対象額の1/2 ＝ 調整対象需要額

※都道府県内の市町村がホ～ヌ、ヲ及び附則(算定省令第4条第1項第1号イに掲げる費用の額を基礎として算定した額)に該当することにより都道府県に交付される特別調整交付金は、普通調整交付金の算定において調整対象需要額から控除される。

〈参考〉29年度における医療分の調整対象需要額の範囲(変更前)

医療給付費（12月～11月診療分） － 一部負担金（療養の給付費） ＝ 医療給付費保険者負担額（法定給付分）

医療給付費保険者負担額（法定給付分） － 保険財政共同安定化事業基準拠出対象額の1/2又は基準割合相当額 ＋ 保険財政共同安定化事業拠出金（人数比例対象額又は基準割合相当額） ＋ 前期高齢者納付金 － 前期高齢者交付金

－ 定率国庫負担金及び都道府県調整交付金相当額 － 特別調整交付金（5～10号、12号(※)及び附則） － 保険基盤安定繰入金（注） － 標準高額医療費拠出金の1/2 ＝ 調整対象需要額

※算定省令第4条第1項第1号イに掲げる費用の額を基礎として算定した額に限る。

(2) 後期高齢者支援分の調整対象需要額の範囲

後期高齢者支援金（1月～12月相当分） － 定率国庫負担金及び都道府県繰入金相当額 － 保険基盤安定繰入金（注） － 子どもに係る国民健康保険料等の均等割額の減額措置に係る繰入金 － 出産時における保険料負担の軽減に係る繰入金 ＝ 調整対象需要額

(3) 介護分の調整対象需要額の範囲

介護納付費（1月～12月相当分） － 定率国庫負担金及び都道府県繰入金相当額 － 保険基盤安定繰入金（注） － 出産時における保険料負担の軽減に係る繰入金 ＝ 調整対象需要額

(注)平成15年度から平成26年度までは、保険者支援分を含む。(平成27年度から恒久化)

〔図4-4〕　**調整対象収入額**

療養の給付等、後期高齢者支援金及び介護納付金に対応して、都道府県が確保すべき理論上の保険料額であり、その算定は応益保険料と応能保険料に分けられる。

⑴ 医療分（療養の給付等）の調整対象収入額の算定方法

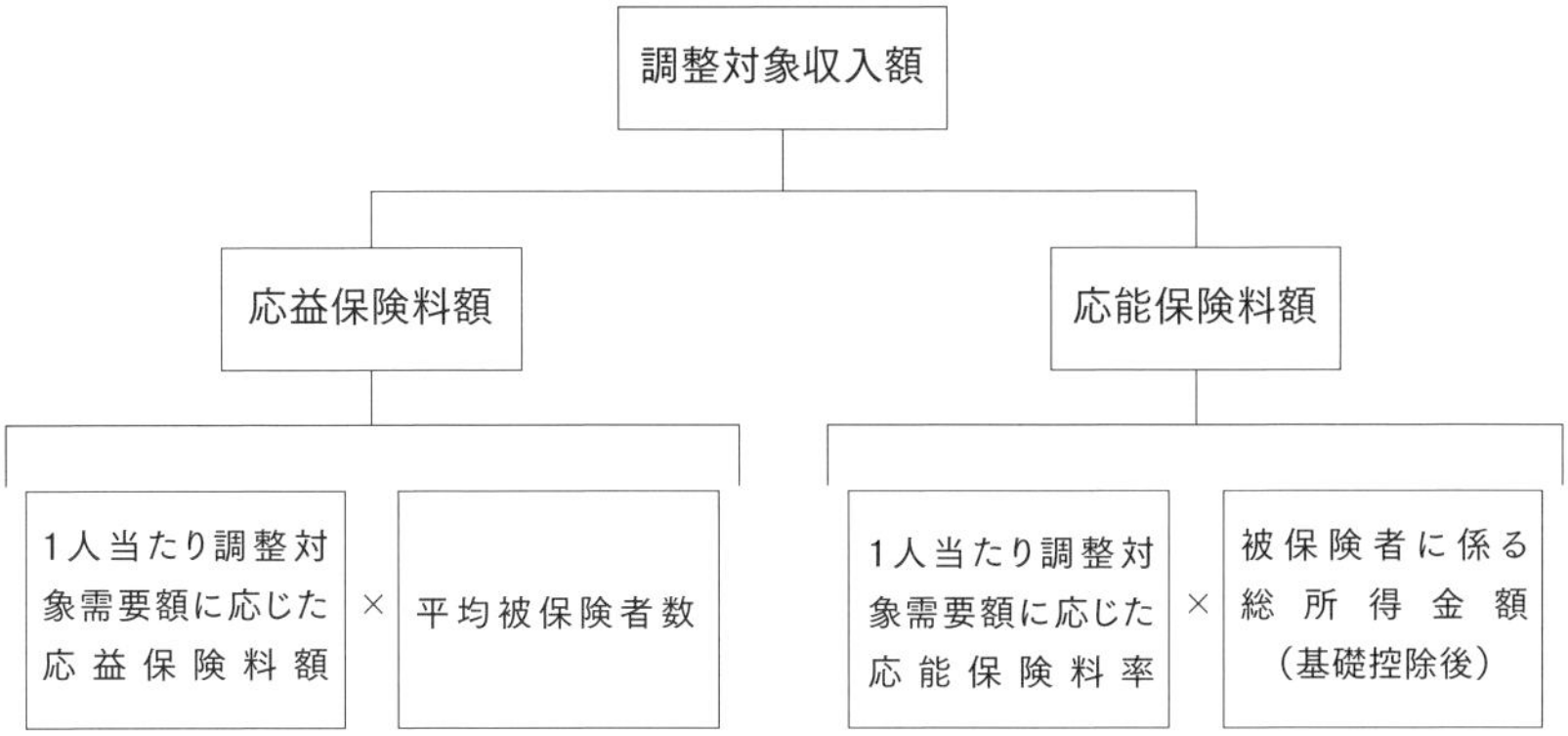

【算定式　（例　令和五年度の場合）】

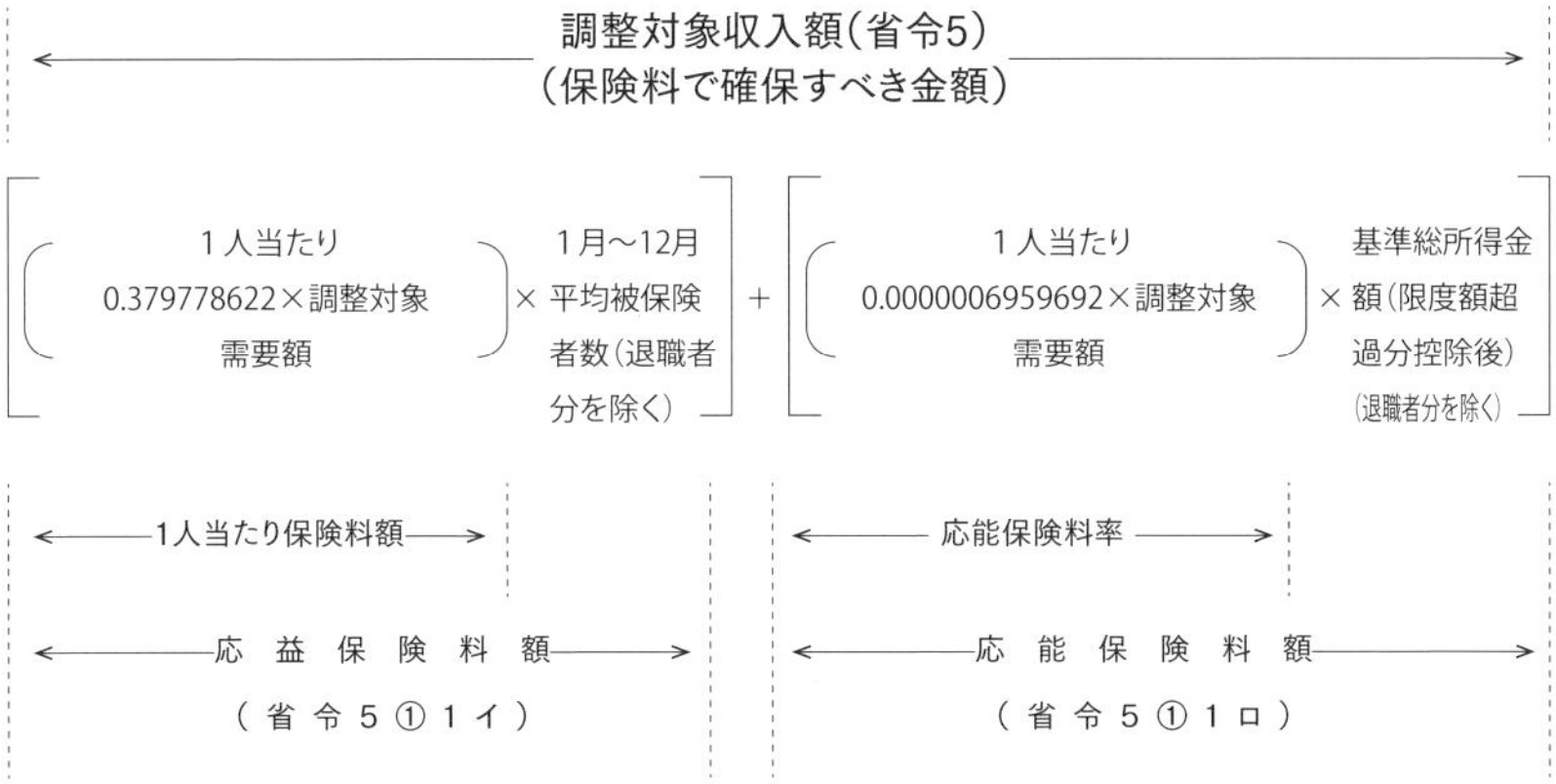

関係法令（条項号の略例・第1条第2項第3号　→　1②3）

財政需要（調整対象需要額）に対し、都道府県が確保（賦課）すべき保険料（税）額（調整対象収入額）を画一的な測定基準により算定し、両者を比較し、前者が後者を超える場合、その超える額を基準として交付されるのです。

●調整対象需要額

前年度の十二月十一日から当該年度の十二月十日までの間に係る療養の給付に要した費用の額であって当該年度の十二月末日現在において審査決定しているものの額から当該給付に係る一部負担金に相当する額を控除した額、同期間の請求に係る入院時食事療養費の支給に要した費用の額、同期間の請求にかかる入院時生活療養費の支給に要した費用の額、同期間の請求に係る保険外併用療養費の支給に要した費用の額、同期間の請求に係る訪問看護療養費の支給についての療養につき算定した費用の額、前年度の一月一日から当該年度の十二月三十一日までの間における療養費及び特別療養費の支給についての療養につき算定した費用の額、同期間における移送費の支給に要した費用の額、同期間における高額療養費及び高額介護合算療養費の支給に要した費用の額、同期間において前期高齢者納付金の納付に要した費用の額及び流行初期医療確保拠出金の納付に要した費用の額の合算額（前期高齢者交付金がある都道府県にあっては、これを控除した額）から、定率国庫負担相当額、都道府県繰入金相当額、各市町村の基礎賦課額に係る繰入金に相当する額の総額、子どもに係る国民健康保険料等の均等割額の減額措置に係る繰入金に相当する額の総額、出産時における保険料負担の軽減に係る繰入金、国・都道府県の高額医療費負担金及び調交算定省令第六条第一号ホからヌ又はヲ（及び附則第七条第二号・三号）に該当することにより交付される特別調整交付金の額を控除した額で、本来、保険料（税）で負担しなければならない額です（図４－３参照）。

なお、七割を超える給付割合をとっている市町村であっても、すべて給付割合を七割として算定します。

また、平成二十九年度以前における特別調整交付金の一部（医療費負担が重いことに着目した交付基準等）の算定においては、市町村に対する普通調整交付金の算定に用いられる調整対象需要額を使用していましたが、平成三十年度以降も、引き続き、市町村における特別な事情に着目した交付が行われることから、別途市町村が本来保険料保険料で賄うべき額として「市町村調整対象需要額」が創設されました（調交算定省令第七条）。

●調整対象収入額

都道府県が医療費に対応してとるべき保険料（税）額（理論値であり、実際の徴収決定額を指すものではありません）であって、応益保険料（税）と応能保険料（税）に分けて算定し、これを合算して求めます。

応益保険料（税）額は、毎年度、厚生労働省令において定められる一人当たりのとるべき応益保険料（税）額に、被保険者数を乗じて得た額です。

応能保険料（税）額は、同じく厚生労働省令で定められる、とるべき応能保険料（税）率に、被保険者に係る基準総所得金額を乗じて得た額です。

厚生労働省令で定められる応益保険料（税）額および応能保険料（税）率は、医療機関の分布の差等による都道府県ごとの受療の不均衡が現存する事情を考慮して、「医療費段階別保険料（税）」の考え方に基づいて決められています。すなわち、医療費の高いところには、受益の差を考慮し、低いところよりも、ある程度、保険料（税）負担が多くなる仕組みとしているわけです（図４－４参照）。

応能保険料（税）率を乗ずる基準総所得金額は、被保険者の総所得金額及び山林所得金額の合計額から基礎控除のみを行った後の額で、市町村民税の課税標準所得とは異なります。

3　特別調整交付金

特別調整交付金は、画一的な財政力の測定基準では対処し得ない特別の財政事情がある場合に交付されるもので、次のとおりです。

(1) 災害等により保険料（税）を減免したこと
(2) 非自発的失業者の保険料（税）を軽減したこと
(3) 生活困窮者等の一部負担金を減免すること
(4) 災害等により一部負担金を減免したこと
(5) 流行病、災害による療養給付費等が多額であること
(6) 地域的特殊疾病に係る療養給付費等が多額であること
(7) 原爆被爆者に係る療養給付費等が多額であること
(8) 原爆対象被爆者に係る療養給付費等が多額であること
(9) 診療報酬の中に療養担当手当（暖房料加算額）に係る額があること
(10) 特別療養給付に係る額があること
(11) 僻地直営診療施設の運営費が多額であること
(12) その他特別の事情があること
(13) 当該都道府県に特別の事情があること
(14) 結核性疾病および精神病に係る療養給付費等が多額であること

（附則）結核・精神の疾病に係る額が多額である場合

４　交　付

財政調整交付金は、毎年度三月に交付額の確定が行われますが、毎年九月に概算交付決定が行われています。

四　直営診療施設に対する助成

国民健康保険の診療施設として設置されている病院、診療所には、施設の整備費に対する助成があります。

施設の整備費に対する助成は、昭和二十一年度から開始され、直営診療施設整備費補助金により措置されてきましたが、昭和五十三年度から財政調整交付金で助成措置が講じられることとなりました。平成三十年度からは、都道府県保険者が行う保健事業及び市町村保険者が行う保健事業に対して、都道府県保険者が国民健康保険保険給付費等交付金を交付する事業を対象に国民健康保険調整交付金（保健事業分）が交付されることとなり、その対象に市町村保険者が行う直営診療施設整備事業も含まれることとなりました。

１　施設整備費に対する助成

(1)　対象施設

①　診療所

無医地区（半径四キロメートル以内に他の医療機関がない地区）もしくは医療機関不足市町村（人口おおむね二千人に対し医療機関の数が一に満たないもの）にある診療所

②　病院

無医地区または医療機関不足市町村にあり、その病院が所在する市町村が病床不足地域であり、当該市町村又はその隣接市町村に所在する国保診療施設の医師の出張等の際においては、その施設に対し医師の派遣等を行う機能を有する病院

(2) 補助対象経費及び補助率

診療所及び病院の新設、改築、増築、病床の増設、医師住宅、看護師宿舎、院内託児施設等、巡回診療車又は巡回診療船、医療機械器具、患者輸送車の設置又は整備に係る建築・購入等に要する費用につき、それぞれの種目ごとに定められた補助基準額の三分の一に相当する金額が補助されます。

2 運営費補助金

立地条件の悪い国民健康保険診療所の運営費赤字の補填のため、財政調整交付金の中の特別調整交付金の一部が充てられています。

(1) 対象施設

① 第1種へき地診療所

過疎関係法指定区域内の国民健康保険診療所であって、当該施設から通常の交通機関を利用して三十分以内に他の医療機関がないもの、又は、特定地域以外の地域内に所在する施設であって、三十分以内に他の医療機関がなく、かつ、当該施設を中心としておおむね半径四キロメートル以内に他の医療機関がないもの。

② 第2種へき地診療所

①に該当しない国民健康保険診療所であって、当該診療所を中心としておおむね半径四キロメートル以内に他の医療機関がないもの。

令和6年度の保険者努力支援制度　取組評価分

市町村分（500億円程度）

保険者共通の指標

指標① 特定健診･特定保健指導の実施率、メタボリックシンドローム該当者及び予備群の減少率
- ○特定健診受診率・特定保健指導実施率
- ○メタボリックシンドローム該当者及び予備群の減少率

指標② 特定健診･特定保健指導に加えて他の健診の実施や健診結果等に基づく受診勧奨等の取組の実施状況
- ○がん検診受診率
- ○歯科健診受診率

指標③生活習慣病の発症予防・重症化予防の取組の実施状況
- ○生活習慣病の発症予防・重症化予防の取組の実施状況
- ○特定健診受診率向上の取組実施状況

指標④ 広く加入者に対して行う予防･健康づくりの取組の実施状況
- ○個人へのインセンティブの提供の実施
- ○個人への分かりやすい情報提供の実施

指標⑤ 加入者の適正受診・適正服薬を促す取組の実施状況
- ○重複投与者・多剤投与者に対する取組
- ○薬剤の適正使用の推進に対する取組

指標⑥ 後発医薬品の使用促進等に関する取組の実施状況
- ○後発医薬品の促進等の取組・使用割合

国保固有の指標

指標① 収納率向上に関する取組の実施状況
- ○保険料（税）収納率
  ※過年度分を含む

指標② 医療費の分析等に関する取組の実施状況
- ○データヘルス計画の実施状況

指標③ 給付の適正化に関する取組の実施状況
- ○医療費通知の取組の実施状況

指標④ 地域包括ケア推進・一体的実施の実施状況
- ○国保の視点からの地域包括ケア推進・一体的実施の取組

指標⑤ 第三者求償の取組の実施状況
- ○第三者求償の取組状況

指標⑥ 適正かつ健全な事業運営の実施状況
- ○適切かつ健全な事業運営の実施状況
- ○法定外繰入の解消等

都道府県分（500億円程度）

指標① 主な市町村指標の都道府県単位評価

○主な市町村指標の都道府県単位評価(※)
- ・特定健診・特定保健指導の実施率
- ・糖尿病等の重症化予防の取組状況
- ・個人インセンティブの提供
- ・個人への分かりやすい情報提供の実施
- ・後発医薬品の使用割合
- ・保険料収納率
- ・重複投与者・多剤投与者に対する取組

※都道府県平均等に基づく評価

指標② 医療費適正化のアウトカム評価

○年齢調整後一人当たり医療費
- ・その水準が低い場合
- ・前年度(過去３年平均値)より一定程度改善した場合

○重症化予防のマクロ的評価
- ・年齢調整後新規透析導入患者数が少ない場合

○重複投与者数・多剤投与者数
- ・重複投与者数が少ない場合
- ・多剤投与者数が少ない場合

指標③ 都道府県の取組状況

○都道府県の取組状況
- ・医療費適正化等の主体的な取組状況（保険者協議会、データ分析、重症化予防、重複・多剤投与者への取組　等）
- ・法定外繰入の解消等
- ・保険料水準の統一
- ・医療提供体制適正化の推進
- ・事務の広域的及び効率的な運営の推進

五　保険者努力支援制度

保険者努力支援制度は、平成二十七年の国民健康保険法等の改正により、保険者（都道府県・市町村）における医療費適正化に向けた取組等に対する支援を行うため、保険者の取組状況に応じて交付金を交付する制度として創設されました。保険者における医療費適正化の取組等を評価する指標を設定し、その達成状況に応じて都道府県に対して交付金を交付する制度として、平成三十年度より本格実施しています。

同制度において、市町村の取組を評価した部分の交付金は、国から都道府県に対して交付された後、都道府県から市町村に対して、保険給付費等交付金の特別交付金として交付されます。

国民健康保険においては、平成二十七年六月三十日に閣議決定された「経済財政運営と改革の基本方針二〇一五」において「全ての国民が自らがんを含む生活習慣病を中心とした疾病の予防、合併症予防を含む重症化予防、介護予防、後発医薬品の使用や適切な受療行動をとること等を目指し、特定健診やがん検診の受診率向上に取り組みつつ、個人や保険者の取組を促すインセンティブのある仕組みを構築することが重要」とされるなど、いわゆるインセンティブ改革を進めることが求められており、そうした流れを受けたものです。

平成三十年度からの制度創設に先がけ、平成二十八年度及び平成二十九年度には前倒し分が市町村を対象に実施されました。特別調整交付金の一部（平成二十八年度：一五〇億円、平成二十九年度：二五〇億円）を活用し、評価指標には保険者共通の指標に加え、保険料（税）収納率向上等の国保固有の課題に対応するものが採用されました。平成三十年度以降においては、市町村及び都道府県を対象とし、国保改革による公費拡充の財源と、別途、特調の財源を活用し、合計一〇〇〇億円の財政規模で制度が本格実施されています。

また、令和二年度より、既存の枠組み（取組評価分）とは別に財源を措置し、予防・健康づくりを強力に推進することとされ、保険者努力支援制度の中に「事業費」として交付する部分を設け、従来の国保ヘルスアップ事業を統合するとともに、「事業費に連動」して配分する部分と合わせて交付することとされました。同制度の評価指標、配点割合、事業内容等については、毎年度、各自治体の取組状況等を踏まえ、地方団体等と協議の上、見直しを実施しています。

六　都道府県繰入金

都道府県は、都道府県等が行う国民健康保険の財政の安定化を図り、当該都道府県内の市町村の財政の状況その他の事情に応じた財政の調整を行うため、政令で定めるところにより、一般会計から、算定対象額の百分の九に相当する額を当該都道府県の国民健康保険に関する特別会計に繰り入れなければならないとされます（法第七十二条の二第一項）。

この都道府県繰入金は、平成三十年施行の国保法改正により規定されたものです。保険給付費等交付金の財源として活用される分と都道府県内市町村の特殊な事情に応じたきめ細かい調整のために活用される分に区分されることとなり、前者は平成二十九年度以前の都道府県調整交付金ガイドラインで示されていた一号分に相当するもので、引き続き一号分と呼ばれ、後者は、平成二十九年度以前の同ガイドラインに示されていた二号分に相当するもので、引き続き二号分と呼ばれます。

都道府県繰入金の特別給付分（二号分）については、地域の実情に応じたきめ細かい調整を行う役割を有しますが、その交付事由については、都道府県が連携会議等の場で協議を行い、あらかじめ規則・交付要綱等に定めておく必要があります。

平成三十年に国民健康保険の財政運営責任等が都道府県へ移行される際に、財政運営の仕組みが変わることに伴い、一部の市町村においては、各市町村が本来集めるべき一人当たり保険料額が変化し、被保険者の保険料率が上昇する可能性がありますが、急に保険料が上昇することがないよう、都道府県繰入金（二号分）を財源とした保険給付費等交付金による激変緩和を行うこととされました。

また、都道府県は、前記の一号分と二号分の都道府県繰入金のほかに、一般会計から、高額医療費負担金に係る高額医療費負担対象額の四分の一に相当する額を当該都道府県の国保特別会計に繰り入れなければならないとされます（法第七十二条の二第二項）。

七　保険基盤安定等負担金

昭和六十三年の国保法改正により暫定的に導入され、平成二年の国保法の改正により恒久化された保険基盤安定制度に係る国庫負担金です。

国民健康保険は、構造的に保険料（税）負担能力の低い低所得者の加入割合が高く、他の被保険者の保険料（税）負担が相対的に重いものとなっています。この問題に対応するため、低所得者に対する保険料（税）軽減相当額を、公費で補填する保険基盤安定制度が導入されました。具体的には、市町村は、政令の定めるところにより、保険料（税）軽減相当額を一般会計から国保特別会計に繰り入れなければならないこととされていますが（法第七十二条の三第一項）、都道府県は、政令の定めるところにより、その繰入金の四分の三を負担することとなっています（同条第二項）。

また、平成十五年度からは、保険料軽減の対象となった一般被保険者数に応じて平均保険料の一定割合を公費で補填することにより、低所得者を多く抱える市町村を支援する保険者支援制度が実施され、保険基盤安定制度が拡充されています。

具体的には、市町村は、政令の定めるところにより、支援額を一般会計から国保特別会計に繰り入れなければならないこととされていますが、国、都道府県は、政令の定めるところにより、それぞれ、その繰入金の二分の一、四分の一を負担することとなっています。

なお、令和四年度から、子育て世帯の経済的負担軽減の観点から、市町村は世帯に未就学児がいる場合は被保険者均等割額を減額することとされ、その額は、当該年度分の当該被保険者均等割額の五割とされ、軽減分の二分の一を国が、四分の一を都道府県が、四分の一を市町村が負担することとされました。

また、令和五年度から、子育て世帯の負担軽減、次世代育成支援等の観点から、国・地方の取り組みとして国保制度において出産する被保険者に係る産前産後期間相当分の均等割保険料及び所得割保険料を軽減する措置が導入されました。

八　財政安定化基金

財政安定化基金は、国民健康保険の財政の安定化を図るため、保険料の収納不足が生じた市町村に対して都道府県が貸付・交付を行う際に必要な費用に充てるために都道府県に設置される基金です。予期しない給付増や保険料収納不足といった財政リスクを分散・軽減させるための制度的対応として設けられたものです。

都道府県が行う貸付・交付事業は法第八十一条の二に次のように規定されています。

① 当該都道府県内の収納不足市町村に対し、基金事業対象保険料収納額が基金事業対象保険料必要額に不足する額を基礎として算定した額の範囲内の額の資金を貸し付ける。

② 保険料収納不足が生じたことにつき特別の事情があると認められる収納不足市町村に対し、基金事業対象保険料収納額が基金事業対象保険料必要額に不足する額を基礎として算定した額の二分の一以内の額の資金を交付する。

都道府県は、基金事業対象収入額が基金事業対象費用額に不足する場合に当該不足額を基礎として算定した額の範囲内で財政安定化基金を取り崩し、当該不足額に相当する額を当該都道府県の国保特別会計に繰り入れ、財政安定化基金を取り崩したときは、その取り崩した額に相当する額を財政安定化基金に繰り入れなければならないとされます。事業に要した費用の額のうち貸付分は、貸付けを受けた市町村が償還し、交付分は、国・都道府県・市町村が三分の一ずつ補填します。交付分を補填する額のうち市町村分については、財政安定化基金拠出金として保険事業費納付金に含めて都道府県が徴収します。

また、令和四年度から、国民健康保険の安定的な財政運営の確保を図るために必要があると認められる場合に、決算剰余金について財政調整事業分として積み立てた額の範囲内で財政安定化基金を取り崩し、都道府県国民健康保険特別会計に繰り入れることができる財政調整機能が付与されました。

九　特別高額医療費共同事業

特別高額医療費共同事業は、国保中央会が都道府県に対して著しく高額な医療に関する給付に要する費用に係る交付金（特別高額医療費共同事業交付金）を交付する事業です。特別高額医療費共同事業交付金の額は、療養の給付に要した費用等の額のうち、当該被保険者が同一の月にそれぞれ一の病院等について受けた療養に係る費用の額（特定給付対象療養を除く）が四百二十万円を超えるものの二百万円を超える部分の額の合算額として算定した額とされます（法第八十一条の三・算定政令第二十四条）。

本制度は、平成三十年度まで行われていた超高額医療費共同事業が廃止され、同制度の趣旨を引き継ぎ、国庫による財政支援が拡充されて創設されたものです。

国民健康保険中央会は、特別高額医療費共同事業に要する費用に充てるため都道府県から特別高額医療費共同事業拠出金を徴収するものとされ、拠出金については都道府県ごとの過去三年度の特別医療費共同事業交付金（平成二十九年以前は超高額医療費共同事業交付金）に基づいて算定されます。国は、都道府県に対し、特別高額医療費共同事業拠出金（事務処理費用を除きます）の納付に要する費用について、予算の範囲内で、その一部を負担するとされており、その額は「当該年度の予算で定める額」とされます（算定政令二十八条）。令和六年度の国庫補助は六十億円とされ超高額医療費共同事業よりも拡大されています。

申請にあたっては、特別審査の結果をもとに国保中央会から都道府県へ交付申請用総括明細書（交付対象レセプトの費用額及び交付申請額等を記載）を提供し、都道府県がその内容を確認したうえで、国保中央会に交付金の交付申請を行います。

十　事務費負担金

１　目的・性格

第六十九条により、「国は、政令の定めるところにより、組合に対して国民健康保険の事務（高齢者の医療の確保に関する法律の規定による前期高齢者納付金等（以下「前期高齢者納付金等」という。）並びに同法の規定による後期高齢者支援金、後期高齢者関係事務費拠出金及び出産育児関係事務費拠出金（以下「後期高齢者支援金等」という。）、介護保険法の規定による納付金（以下「介護納付金」という。）並びに感染症の予防及び感染症の患者に対する医療に関する法律（平成十年法律第百十四号）の規定による流行初期医療確保拠出金（以下「流行初期医療確保拠出金」という。）の納付に関する事務を含む。）の執行に要する費用を負担する」こととされており、政令においては「……通例……事務の執行に要する費用の被保険者一人当たりの額を基準とし……算定した額」とされています。

すなわち、国は国民健康保険組合の国民健康保険の事務費を負担する義務を負うが、国民健康保険組合が使用した事務費を無制限に全額負担するものでなく、通例であり、標準的なものに限るものであることが明らかにされています。

このため、事務費負担金の対象となる費用の種目は通達で示されており、事務費と認められ、必要欠くべからざるものは網羅されております。一方、費用の種目ごとの単価および数量までは定められていないので、効率的執行を行う保険者に対する事務費負担金の充足率は高く、非効率な事務執行を行う場合は、必然的に負担金でカバーしきれないものが多くなってくるのはやむを得ないことです。

2　交付方針

事務費負担金については、人件費、物件費ともに対象とされており、被保険者数又は介護第二号被保険者階層別基本額（被保険者数の多少に比例して、階層別に事務量を勘案しつつ算定されたもの）と、給与を補正するものとしての地域差加算額及び寒冷地加算額が定められており、交付額は、基本額に該当地域の加算額を加えることとなっています。

また、災害その他特別事情がある国保組合に対しては、厚生労働大臣が定める基準により算定した額が加算されます。

十一　出産育児一時金補助金

国保では「市町村及び組合は、被保険者の出産に関しては、条例又は規約の定めるところにより出産育児一時金の支給を行うものとする。」と法第五十八条に規定され、財政上特別な理由のない限りすべての市町村及び組合は、この給付が義務付けられています。このため現在は、全市町村及び組合が出産育児一時金の支給を行っています。現在の支給基準額は四十八・八万円（産科医療補償制度に加入している分娩機関での出産の場合は、五〇万円）とされています。

出産育児一時金補助金は、国保組合が行う出産育児一時金の支給に要する費用の一部を補助するとともに、出産一件当たりの出産育児一時金の支給額が国の補助基準額に満たない国保組合については補助基準額まで引き上げることを促し、また、各組合の給付内容を全国的に均衡を保たせようとするための国庫による定額補助です。

【令和六年度　国民健康保険組合における予算編成の留意事項】

出産育児一時金補助金について

出産育児一時金の額に応じ、次表の補助額に出産見込み件数を乗じて算出した額を標準とするが、過去の交付額を勘案し、適切な額を計上されたいこと。

出産育児一時金	補助額	出産育児一時金	補助額	出産育児一時金	補助額
三〇万円	七五、〇〇〇円	三七万円	九二、五〇〇円	四四万円	一一〇、〇〇〇円
三一万円	七七、五〇〇円	三八万円	九五、〇〇〇円	四五万円	一一二、五〇〇円
三二万円	八〇、〇〇〇円	三九万円	九七、五〇〇円	四六万円	一一五、〇〇〇円
三三万円	八二、五〇〇円	四〇万円	一〇〇、〇〇〇円	四七万円	一一七、五〇〇円
三四万円	八五、〇〇〇円	四一万円	一〇二、五〇〇円	四八万円	一二〇、〇〇〇円
三五万円	八七、五〇〇円	四二万円	一〇五、〇〇〇円	四九万円	一二二、五〇〇円
三六万円	九〇、〇〇〇円	四三万円	一〇七、五〇〇円	五〇万円	一二五、〇〇〇円

十二　出産育児交付金

令和五年五月十九日公布の全世代対応型の持続可能な社会保障制度を構築するための健康保険法等の一部を改正する法律により、出産育児交付金が創設された。この制度においては出産育児一時金の支給に要する費用の一部については、支払基金が都道府県又は組合に対して交付する出産育児交付金をもって充てることとされ、当該出産育児交付金の額は、医療保険各法、すなわち国保においては国民健康保険法の規定により算定される額とされた。

支払基金は関係業務に要する費用に充てるため、年度ごとに、後期高齢者医療広域連合から出産育児支援金を、保険者から出産育児関係事務費拠出金を徴収し、出産育児交付金は出産育児支援金をもって充てるものとされる。

後期高齢者医療広域連合は出産育児支援金を納付する義務を、保険者は出産育児関係事務費拠出金を納付する義務を負うこととされた。

十三　国民健康保険団体連合会等補助金

国民健康保険団体連合会（以下「連合会」といいます）に対し、診療報酬の審査支払事業に要する費用及び保険者事務共同電算処理事業、保健事業（厚生労働大臣が認めた事業）、国保運営安定化支援事業等に要する費用の一部を援助している補助金です。

公益社団法人国民健康保険中央会（以下「中央会」といいます）に対し、中央会が全国の連合会から委託を受けて行う県外分診療報酬の相互決済事業に要する費用並びに連合会及び保険者の事業の健全な運営、発展を図るために行う事業（厚生労働大臣が認めた事業）に要する費用の一部を補助しています。

予算額は、毎年度定額で定められますが、これを連合会等の規模及び業務処理量等に応じて配分し、交付されています。令和六年度の予算総額は約十九億円となっています。

診療報酬の審査及び支払いに要する費用は、連合会が保険者に対し、連合会ごとに定められた診療報酬明細書（レセプト）一件当たり手数料を基礎に請求しますが、この補助金の交付は、その手数料を安くするはたらきをしています。したがって、手数料を支払う保険者に対する国の間接補助とみてもよいでしょう。

第四章　国民健康保険の保険医療の仕組み

第一節　保険医療の担当機関

一　保険医療機関

被保険者が病気やけがで療養の給付（保険医療）を受ける場合、その保険医療を担当する病院、診療所、薬局は、法令上「保険医療機関」又は「保険薬局」と称されています。

病院、診療所、薬局の開設者は、厚生労働大臣（地方厚生局長等）に申請し、その指定を受けることによって、保険医療機関、保険薬局となることができます。これは健康保険法上の制度ですが、健康保険法上の保険医療機関、保険薬局の指定によって、国民健康保険の療養の給付を取り扱うこともできるようになるのです。

二　保険医・保険薬剤師

保険医療機関において実際に診療、調剤等の医療行為を担当する医師、歯科医師は「保険医」と称され、薬剤師は「保険薬剤師」と称されます。

保険医または保険薬剤師（以下「保険医等」といいます）も健康保険法上の資格を得ると国民健康保険にも適用され、医師、歯科医師、薬剤師が厚生労働大臣（地方厚生局長等）に申し出て、登録されることによってこの資格を得ることになります。

看護師・検査技師などの医療従事者については、特に保険制度の名称、資格は設けられていません。

三　担当機関の責任と指導監督

国民健康保険の医療は、保険医療機関において、登録を受けた保険医等のみが担当するものであり、適正な国民健康保険医療を行わせるために、保険医療機関および保険医等に一定の責務が課せられています。

健康保険に関して、厚生労働省令で保険医療機関及び保険医療養担当規則が定められていますが、国民健康保険についてもこの規則が準用されています。

この規則では、国民健康保険医療を担当するにあたって準拠すべき診療方針などが克明に定められています。主なものをいくつか抜粋して紹介してみましょう。

○　保険医療機関は、懇切丁寧に療養の給付を担当しなければならない（保険医療機関及び保険医療養担当規則（以下この項においては「規則」といいます）第二条）。

○　保険医療機関は、第二十二条の規定による診療録に療養の給付の担当に関し必要な事項を記載し、これを他の診療録と区別して整備しなければならない（規則第八条）。

○　保険医の診療は、一般に医師又は歯科医師として診療の必要があると認められる疾病又は負傷に対して、適確な診断をもととし、患者の健康の保持増進上妥当適切に行わなければならない（規則第十二条）。

○　保険医は、特殊な療法、又は新しい療法等については、厚生労働大臣の定めるもののほか行ってはならない（規則第十八条）。

○　保険医は、厚生労働大臣の定める医薬品以外の薬物を患者に施用し、又は処方してはならない（規則第十九条）。

○　投薬は、必要があると認められる場合に行う。治療上一剤で足りる場合には一剤を投与し、必要があると認められる場合に二剤以上を投与する（規則第二十条）。

○　単なる疲労回復、正常分べん又は通院の不便等のための入院の指示は行わない（規則第二十条）。

保険医療機関および保険医等は、国民健康保険の療養の給付に関して厚生労働大臣、または都道府県知事の指導を受けなければなりません。

この指導が適切に行われ、正しい保険医療の実施が確保されることが必要ですが、その実施に関して「社会保険医療担当者指導大綱」が定められています。

一方、この指導を円滑に運営するため、昭和三十五年二月、厚生省と日本医師会および日本歯科医師会の間に、申し合わせが取り交わされており、「医師会の自主指導と行政庁の指導が相まって、指導の徹底を期するよう、相互に十分な連絡と協力を行うこととする。指導はつとめて個別指導を行うこととし、行政庁が個別指導を行った上、なお必要がある場合は、患者の実態調査を行うこと。通常は指導を行っても、なお改善されないものについて監査を行うこと」などについての合意事項があります。

指導による改善が期待できず、療養担当規則違反、診療報酬の不正、不当請求の有無について、なお調査を行う必要がある場合、厚生労働大臣または都道府県知事は監査を行うことができます。

監査には、「社会保険医療担当者監査要綱」が定められていますが、通常、書面監査および患者調査に基づき行われ、その結果、不正不当の事実が明らかになった場合は、事案の軽重に従い、①保険医療機関の指定の取消し、保険医等の登録の取消し、②戒告、③注意、という行政上の措置が講じられます。ただし、①の取消しについては、都道府県ごとに設置されている地方社会保険医療協議会（公益・診療担当者・事業主・被保険者の各代表で構成）に地方厚生局長等が諮問しなければなりません。

第二節　保険医療の受け方

一　療養の給付（原則的な受診）

国民健康保険では、被保険者の疾病または負傷に関して①診察、②薬剤または治療材料の支給、③処置、手術その他の治療、④居宅における療養上の管理およびその療養に伴う世話その他の看護、⑤病院または診療所への入院およびその療養に伴う世話その他の看護、について療養の給付が行われ、これらについては必要な医療を現物で給付する方式をとっています。

被保険者が療養の給付を受けようとするときは、保険医療機関等から、電子資格確認、その他、保険医療機関の場合又は指定訪問看護事業者から指定訪問看護を受けようとする場合は被保険者証を提出する方法、保険薬局の場合は被保険者証又は処方箋を提出する方法により、被保険者であることの確認を受けなければなりません。

なお、令和五年四月から保険医療機関・保険薬局においてはオンライン資格確認（電子資格確認）の導入が義務付けられています。

また、令和六年十二月二日より、マイナンバーカードと健康保険証の一体化が図られ、現行の健康保険証（被保険者証）の発行を終了し、マイナ保険証を基本とする仕組みに移行されます。

二　療養費払いになるケース（例外的な受診）

現物による医療サービスの提供を原則的な給付方式としていても、これにより難い特別な事情がある場合があります。この場合は、被保険者が病院、診療所にいったん支払った医療費を償還する療養費払いがとられています。

輸血のため生血を求めた場合、コルセット等治療用装具を購入した場合など、市町村または組合が療養の給付を行うことが困難であったり、急病でマイナンバーカードや被保険者証を持たずに病院に飛び込み、自費払いとなった場合など、緊急その他やむを得ない事情があった場合には療養費払いが行われます。

前述のような被保険者の所在地の都道府県の区域について、保険医療機関となる申し出をしていない他県の病院、診療所で受診した場合には、その受診についてやむを得ない事情があれば療養費払いが行われます。

第三節　保険医療の範囲

国民健康保険の療養の給付は、被保険者の疾病または負傷に対して行われます。したがって、病気やけがとみなされないものへの給付や、疾病予防についての給付などは行われません。

給付の範囲に含まれないものを例示すると次のようなものです。

1　単なる疲労や倦怠

2　隆鼻術、二重まぶた、ホクロ、ソバカスとりなど美容整形、近眼の手術、歯列矯正

3　正常な妊娠、出産

ただし、これらのものでも日常生活に著しい支障を来したり、他人に著しい不快感を与えるもので、一般的に医師として診療の必要があると認められるものは給付対象となります。また、異常分娩は給付対象です。

4　健康診断

5　予防注射

狂犬病、破傷風予防注射など例外もあります。

6　経済的理由による妊娠中絶

通常の疾病であっても、次のような場合には療養の給付の全部、または一部が行われません。

1　健康保険等他の医療保険による給付が受けられる場合

2　労災保険等による療養補償給付など業務上の事故に対する公的な補償や給付が受けられる場合

3　故意の犯罪行為、または故意に事故を起こしたとき（例えば自殺未遂に対する医療）

4　闘争、泥酔または著しい不行跡によって病気になったり、けがをした場合

5　正当な理由なしに療養上の指揮に従わなかった場合

6　刑務所等に収容されているとき

第四節　医療費（診療報酬）の仕組み

一　現物給付・出来高払い

国民健康保険の被保険者が療養の給付を受けた場合、被保険者は、定められた一部負担金を保険医療機関に支払うほかは、現金の支払いを必要としません。

保険医療機関は、一カ月単位で、給付を受けたすべての被保険者の給付に要した費用について、審査支払い機関に請求を行い、支払いを受けるという方式がとられております。六歳に達する日以後の最初の三月三十一日の翌月以後から七十歳に達する日の属する月以前の被保険者は七割、六歳に達する日以後の最初の三月三十一日以前の被保険者は八割、七十歳に達する日の属する月の翌月以後から七十五歳未満の被保険者は八割又は七割であり、これらについては、直接現金の支払いを要しないで医療のサービスが受けられる、いわゆる「現物給付」が原則となっているわけです（緊急その他やむを得ない場合などの療養費払いでは「現金償還方式」です）。なお、平成二十八年四月からは、紹介状なしで大病院を受診する場合、原則として初診時または再診時に三割から二割の自己負担だけではなく、追加負担が必要になりました（ただし、緊急その他やむを得ない事情などがある場合には、追加負担を必要としないこともあります）。

保険医療機関が行う療養の給付の費用の算定方式は、出来高払い方式をとっています。

出来高払い方式は、点数単価方式ともいわれ、個々の医療行為を点数で評価し、これに一点当たり単価（現在は約十円）を乗じて診療報酬を算定する方法です。また、使用薬剤については、別に定められた方法に従い薬価を算定するというやり方です。

したがって、医療行為が多く積み重ねられるほど、また、薬剤が多く使用されるほど、療養の給付の費用は多くなり、また、一部負担金も多くなっていくわけです。

二　診療報酬点数表

療養の給付の費用を算定する根拠となる個々の医療行為の点数は、厚生労働大臣が「診療報酬点数表（以下「点数表」といいます）」として定めています。

この点数表は、医科・歯科・調剤別にそれぞれつくられています。

なお、この点数表はすべての医療保険について共通のものであり、例えば、健康保険と国民健康保険で、同一内容の医療行為に関し費用が異なるようなことはありません。

三　薬価基準

保険医療にあっては保険医等は、厚生労働大臣の定める医薬品以外の医薬品を患者に用いたり、処方することはできません。さらに、この価格については、診療報酬点数表の中で、保険医療の使用薬の購入価格は別に厚生労働大臣が定めることとされています。このため保険医療の使用薬および購入価格として厚生労働大臣が告示で定めているものを「薬価基準」といっております。

いわば保険医療における使用医薬品の一覧表であり、かつ、その価格表としての性格をもつもので、日本薬局方医薬品等公定書医薬品は一般名でその他は銘柄名で収載されており、収載品目数は約一万三千（令和六年四月十七日現適用）を数えています。

医療機関は、薬価基準記載の薬価に基づき診療報酬を請求できるわけですが、実際の取引価格がこれを下回る場合があり、事実上のマージンが生じるので、これが薬剤大量投与の傾向を助長するという批判があります。そこで実際の取引価格に近づけ、適正価格とするため「薬価調査」が行われております。

なお、保険薬局は、医師または歯科医師の発行した処方箋によって調剤にあたりますが、技術料としての調剤料のほかに請求できる使用医薬品の価格は、やはり薬価基準によります。

四　中医協（中央社会保険医療協議会）

医療費（診療報酬）の改定問題では、診療側（医師会・歯科医師会・薬剤師会）と支払い側（健保連・国保中央会・連合など）がしばしば対立をみせ、その舞台として中医協があることはご存知のとおりですが、その設置の目的、構成を紹介しましょう。

中医協は、厚生労働省の附属機関で、健康保険や国民健康保険などの適正な診療報酬に関する事項、保険医療機関の療養担当規則等に関する事項について、厚生労働大臣の諮問に応じて審議し、答申し、またはこれらについての建議を行うことができる機関です。したがって、診療報酬、薬価基準などは実質的にここで方向づけられますので、医療費（診療報酬）に関する最高決定機関といってもよいでしょう。

構成は、①公益代表、②保険者、事業主、被保険者代表、および③診療担当者代表の三者によっています。

五　診療報酬の審査と支払い

保険医療機関は、市町村及び組合に対し、診療報酬の請求を行い、市町村及び組合は、その内容を療養担当規則、診療報酬点数表等に基づき審査のうえ、支払いを行うことになりますが、この審査および支払いの事務は、国民健康保険団体連合会（国保連合会）、または、社会保険診療報酬支払基金に委託することができ、実態としては、すべて国保連合会に委託されております。

国保連合会は、保険医療機関から診療報酬請求書、同明細書の提出を受けると、事務的な内容点検を終えたうえ、連合会に置かれた「診療報酬審査委員会」において点数表、療養担当規則に定められた診療方針に基づき、請求内容の審査を行い、適正な診療報酬を決定します。

診療報酬全国決済方式図

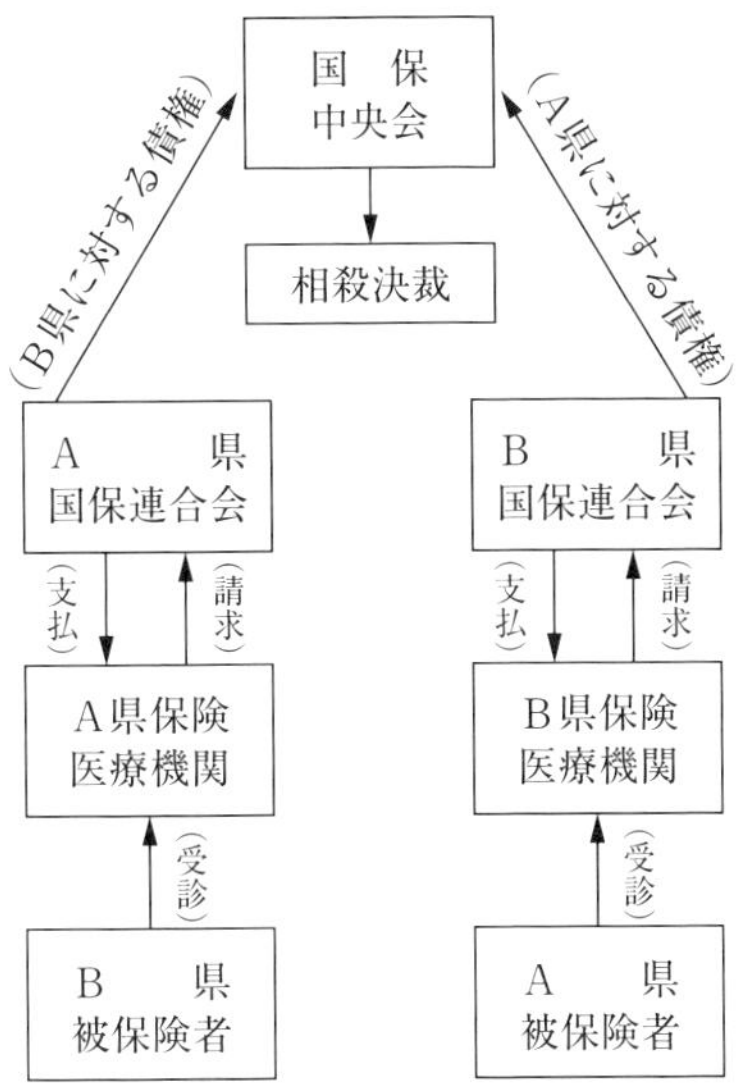

審査委員会は、診療担当者代表、保険者（都道府県及び当該都道府県内の市町村並びに組合）代表および公益代表の委員によって組織され（委員の定数は、都道府県知事が定めることになっています）、審査委員は都道府県知事が委嘱します。

審査を終えたのち、保険医療機関ごとに支払いを行うとともに、市町村及び組合に対しても支払いに要する費用と事務手数料を請求します。

また、国保連合会相互間には、診療報酬の相互決済に関する契約があって、他県の被保険者が自県の保険医療機関で診療を受けた場合の診療報酬の審査支払いを代行し、反対に自県の被保険者が他県で受診した場合の診査支払いを他県連合会に委託する方式をとっており、これを「診療報酬全国決済」と称し、国民健康保険中央会が東京で全国のコントロールセンターの役割を果たしています。

六　診療報酬特別審査委員会

近年の医療の高度化、専門化及び請求内容の複雑多様化に対し、審査のより一層の重点化、適正化を期する観点から極めて高額又は特殊なレセプトについて全国統一的に審査を行うため、国民健康保険中央会に「診療報酬特別審査委員会」を設置し、審査をしています。

付　録

付録として、日本における社会保障の概要と国民健康保険事業の推移などを掲載しております。

〈付録一〉　わが国の社会保障制度のあらまし

第一節　社会保障の理念

社会保障という言葉は一九三五年（昭和十年）にアメリカで初めて用いられたものですが、一九四二年（昭和十七年）のＩＬＯ（国際労働機構）の報告書「社会保障への途」は、社会保障の理念を明確に示しています。

ここに示されている理念を要約すれば、人間には〝窮乏のおそれ〟から免れたいという深い願望があり、各個人の努力だけではこの不安に対して十分な保障が得られないため、適当な組織によって国民に保障を提供する必要があること、社会保障の給付は質量ともに合理的な最低生活を維持するのに必要なものであること、社会保障は慈恵的なものではなく権利として請求できるものであることとしています。

そして、社会保障の種類としては、一九五二年（昭和二十七年）に制定された「社会保障の最低基準に関する条約（ＩＬＯ一〇二号条約）」によれば、医療、疾病給付（休業補償のこと）、失業給付、老齢給付、業務災害給付（医療と所得保障）、家族給付、出産給付（医療と休業補償）、障害給付および遺族給付の九つの部門を挙げています。

また、社会保障の組織としては、社会扶助による保障と保険による方法が考えられており、保険の場合は原則として強制保険であることを要件としています。

第二節　わが国の社会保障制度

憲法第二十五条は「すべて国民は、健康で文化的な最低限度の生活を営む権利を有する（第一項）。国は、すべての生活部面について、社会福祉、社会保障及び公衆衛生の向上及び増進に努めなければならない（第二項）」と規定し、憲法が福祉国家の理念に立つことを明らかにしています。

この憲法では、社会保障、社会福祉、公衆衛生の三つを並列的に規定していますが、今日、われわれが理解している社会保障は、さきのＩＬＯの考え方にも見られるとおり、社会福祉、公衆衛生をも含めたもっと広い意味でとらえています。

昭和二十五年には、社会保障制度審議会（内閣総理大臣の諮問機関）が「社会保障制度に関する勧告」を提出し、今後におけるわが国の社会保障制度の基本的方針を示していますが、この勧告では、社会保障制度を次のように定義しています。

「いわゆる社会保障制度とは、疾病、負傷、分娩、廃疾、死亡、老齢、失業、多子その他困窮の原因に対し、保険的方法又は直接公の負担において経済保障の途を講じ、生活困窮に陥った者に対しては、国家扶助によって最低限度の生活を保障するとともに、公衆衛生及び生活福祉の向上を図り、もってすべての国民が文化的社会の成員たるに値する生活を営むことができるようにすることをいう」

この勧告では社会保障制度は、公的扶助、社会福祉、社会保険並びに公衆衛生および医療の四つの部門から成り立つものとし、広義にはこれに加えて恩給と戦争犠牲者援護を含め、低所得者のための住宅対策および雇用対策を関連制度としてあげています。

この勧告以後、わが国の社会保障制度は逐次整備され、従来からあった制度については装いを新たにし、また、新しい制度も創設され、国際的に見ても遜色のないものとなっています。

しかし、まだ病気や老後の生活に不安を抱いている人も多く、国民の生涯を通じての生活、特に老後生活の安定を図り、国民の社会保障制度の充実に対する期待に応える必要があります。

一方、財源問題を含め年々急増する医療費や急速な高齢化の進展にいかに対処するかが重大な課題となっています。

第三節　社会保障制度の種類

今日のわが国の社会保障制度は、㈠公的扶助　㈡社会福祉　㈢社会保険（医療・年金・雇用・業務上災害補償）㈣児童手当　㈤公衆衛生および医療　㈥環境政策　以上の六つの部門に大きく分けることができます。

一　公的扶助

公的扶助は、生活困窮に陥った人に対して、健康で文化的な最低限度の生活を公費により保障するもので、生活保護制度がこれに当たります。

具体的な保護に当たっては、生活困窮に陥った原因が何であれ、すべての国民に無差別平等に保護請求権を認め（無差別平等の原理）、保護の程度は、要保護者の最低生活需要を満たすのに十分で、かつ、これを超えてはならないとされ（最低生活保障の原理）、保護を受ける人は、その人が利用できる資産、能力を全部活用することが必要であり、民法上の扶養義務、他の法律による扶助なども、すべて生活保護に優先します（保護の補足性の原理）。

二　社会福祉

社会福祉は、老人、心身障害者、児童、母子家庭など、援護育成を必要とする人が、自立してその能力を発揮できるよう、生活指導、更生補導その他の援護育成を行うもので、各種の福祉法が制定され、福祉の向上が図られています。

具体的には、老人の健康診査の実施、ホームヘルパーの派遣、老人クラブの結成、老人ホームへの入所、老人医療費の支給、身体障害者更生医療の給付、補装具の交付、更生援護施設への入所、要保護児童の児童福祉施設への入所、特別児童扶養手当の支給（在宅重度心身障害児）、児童一般には児童館、児童遊園などの整備、母子家庭には母子福祉資金の貸付、児童扶養手当の支給、一般妊産婦の保健指導など、幅の広い福祉活動が行われています。

三　社会保険

社会保険は、疾病、負傷、出産、障害、死亡、老齢、失業などの困窮の原因に対して、保険の技術を利用して、経済的保障の途を講じようとするものです。

これらの困窮の原因は、所得の減少、所得の喪失あるいは多額の出費をもたらすもので、個人および世帯の生計を著しく困難に陥れる危険をはらんでいるものです。そこで、これらの原因の発生に備えて、社会的な相互扶助の精神に則り、保険の技術を利用して、困窮に陥ることを未然に防止しようとするものです。

社会保険は、社会政策の実現手段として、最終的には国が責任をもって運営するものですから、保険とはいっても、民間の私保険とは異なる特質をもっています。

まず、第一に、一定の要件を備えている人は強制的に加入することとなる「強制保険」であること。第二に、保険料（税）は能力に応じて支払い、給付は拠出した保険料（税）とは必ずしも対応せず、保険制度の中に所得再分配の機能も含まれていること。第三に、事業運営に要する費用の一部について、必要に応じ、国が財政的負担（地方公共団体の負担もあり得る）を行っていることの三点をあげることができます。

社会保険は、わが国の社会保障制度の中核として重要な地位を占めていますが、その基本原理は、自己責任の原則によって経費の負担に応ずる互助共済的な制度であるといわれており、このことからも、適正なそして公平な保険料（税）負担により、健全な事業運営を図ることが大切であるということがいえましょう。

社会保険の種類としては、医療保険、介護保険、年金保険、雇用保険、災害補償保険があります。

医療保険は、疾病、負傷などを保険事故として、医療の現物給付を行うことを、また介護保険は、加齢に起因する病気等により介護を要する状態になることを保険事故として、必要な介護サービスの利用に対する保険給付を行うことを主眼とし、年金保険は、老齢、身体障害、死亡を保険事故として、老齢者、身体障害者、遺族の所得を保障するものです。

雇用保険は、失業を保険事故として、失業保険金を支給し、失業者の生活の安定を図ることを目的としていますが、このほか、雇用改善、能力開発、雇用福祉の事業、一時帰休を実施した企業に適用する雇用調整交付金制度なども含まれています。

災害補償保険は、労働者が、業務上の理由によって傷病に罹りあるいは死亡した場合の、事業主の当該労働者に対する補償責任の履行を確保し、労働者またはその遺族の生活の安定を図ることを目的として設けられたもので、事業主を保険加入者とし、労働者（またはその遺族）の医療と所得を保障しようとするものです。

四　児童手当

児童手当制度は、わが国社会保障制度の空白部分として、長い間その実現が要望されていましたが、昭和四十七年一月から実施され、これによりわが国の社会保障制度は、すべての生活部面を網羅することとなりました。

児童手当は、原則として十五歳に達する日以後の最初の三月三十一日までの間にある児童を養育している人を対象として支給されるもので、家庭等における生活の安定に寄与するとともに、次代の社会を担う児童の健やかな成長に資することを目的としています。

五　公衆衛生および医療

健康増進対策、疾病予防対策、医療機関の整備、生活環境の整備など広く国民が健康で文化的な生活を維持することができるよう、生活基盤の整備を図ることを公衆衛生および医療という社会保障の概念としてとらえています。

具体的には、健康診断・予防接種の実施、感染症の予防と医療、上下水道の整備、食品衛生の管理などがこれにあたります

六　環境政策

高度経済成長が図られる一方で、大気汚染、水質汚濁などのため国民の健康が害され、イタイイタイ病、水俣病、四日市ぜんそくなどに象徴される公害問題が発生しました。このため、大気汚染や水質汚濁の発生を防止する対策を確立するとともに、被害者に対する補償制度を確立することが急がれることとなりました。

そこで、公害対策基本法、公害健康被害補償法、自然環境保全法などの法律が次々と制定され、企業の公害発生防止対策義務、無過失責任の法理、不特定多数の加害者群（企業・自動車運行者）の損害賠償責任などが明確化されました。

第四節　医療保険

わが国の医療保険制度は、健康保険と国民健康保険を中心とし、これに加えて特殊な職域の従業員を対象とした船員保険、各種の共済組合があり、国民の誰もがどれかの制度によってカバーされるといういわゆる国民皆保険体制が実現しています。

健康保険は、五人以上の従業員を使用する事業所（五人未満の従業員を使用する法人事業所を含みます）を対象としたもので、全国健康保険協会管掌健康保険（「協会けんぽ」。主として中小企業）と健康保険組合（主として大

企業）が行うものとがあります。健保や船保、共済などは、被用者を対象とする保険であるところから被用者保険または職域保険と呼ばれます。

これらの被用者保険の加入対象とならない自営業、農林漁業、五人未満事業所の従業員（五人未満法人事業所の従業員を除きます）、退職者などは、国民健康保険に加入することになります。国民健康保険は、住民保険または地域保険と呼ばれ、都道府県及び市町村または国民健康保険組合が保険者となります。

医療保険の給付は、現物給付である療養の給付と、療養費、出産育児一時金、葬祭費などの現金給付があります。また、保険医療費用のうち、本人負担となった額が著しく高額となった場合に、その一部を本人に償還する高額療養費制度も設けられています。

医療保険の財政は、保険料（税）を中心として運営されますが、制度によっては、国庫負担金（国庫補助金）等の公的負担があります。

〔社会保障制度の主要法律〕

公的扶助………生活保護法

社会福祉………高齢者の医療の確保に関する法律、身体障害者福祉法、知的障害者福祉法、児童福祉法、児童扶養手当法、特別児童扶養手当法、母子及び寡婦福祉法、母子保健法、障害者の日常生活及び社会生活を総合的に支援するための法律

社会保険

医療保険……健康保険法、船員保険法（注1）、各種の共済組合法（注2）、国民健康保険法

介護保険……介護保険法
年金保険……厚生年金保険法、国民年金法、各種の共済組合法
失業保険……雇用保険法
災害補償……労働者災害補償保険法、国家公務員災害補償法、地方公務員災害補償法
児童手当……児童手当法（子ども手当の支給に関する法律）
公衆衛生・医療……ハンセン病問題の解決の促進に関する法律、精神保健及び精神障害者福祉に関する法律、予防接種法、廃掃法、医療法、薬事法、下水道法
環境政策……環境基本法、公害健康被害補償法、自然環境保全法

（注1） 船員保険法は、医療、年金（職務上）、失業、災害補償の各部門をもつ総合的社会保険

（注2） 国家公務員、地方公務員および私立学校教職員の各共済組合法がある。医療と年金部門を併せ持つ

〈付録二〉　国民健康保険事業のうごき

第一節　保険者の推移

国民健康保険の保険者は、平成三十年度からの都道府県化に伴い、都道府県と市町村、それと国民健康保険組合ですが、市町村と組合の数のうごきは、表6－1のとおりです。これをみると、市町村はかつては合併により年々その数が減少していましたが、最近においては大きな変動はありません。一方、国民健康保険組合は、その性格上、新規設立が厳しく抑えられているため、昭和四十五年にそれまで日雇労働者健康保険に加入していた大工や左官の人たち約四十万人が国民健康保険に移行し、国民健康保険組合を設立したのを除き、減少の傾向にあります。

表6－2は、現在市町村合併が進む中、市町村数の変遷を示したものです。

〔表6-1〕 保険者数の推移　　　　　　　　　　　　（年度末現在）

年　度　別	計	市町村	組　　合
昭和45年度	3,468	3,275	193
50	3,460	3,272	188
55	3,442	3,272	170
60	3,437	3,270	167
平成7	3,415	3,249	166
11	3,411	3,245	166
12	3,408	3,242	166
13	3,401	3,235	166
14	3,390	3,224	166
15	3,310	3,144	166
16	2,697	2,531	166
17	2,001	1,835	166
18	1,983	1,818	165
19	1,969	1,804	165
20	1,953	1,788	165
21	1,888	1,723	165
22	1,888	1,723	165
23	1,881	1,717	164
24	1,881	1,717	164
25	1,881	1,717	164
26	1,880	1,716	164
27	1,880	1,716	164
28	1,879	1,716	163
29	1,879	1,716	163
30	1,878	1,716	162
令和元年度	1,878	1,716	162
2	1,877	1,716	161
3	1,877	1,716	161

資料：国民健康保険事業年報

〔表6-2〕 市町村数の変遷

	市	町	村	合計
H14.4.1	675	1,981	562	3,218
H16.4.1	695	1,872	533	3,100
H17.3.31	732	1,423	366	2,521
H17.4.1	739	1,317	339	2,395
H18.3.31	777	846	198	1,821
H18.4.1	779	844	197	1,820
H19.4.1	782	827	195	1,804
H20.4.1	783	812	193	1,788
H21.4.1	783	802	192	1,777
H22.3.31	786	757	184	1,727
H23.4.1	786	754	184	1,724
H24.1.4	787	748	184	1,719
H25.1.1	789	746	184	1,719
H26.4.5	790	745	183	1,718
H28.10.10	791	744	183	1,718
H30.10.1	792	743	183	1,718
≀	≀	≀	≀	≀
R6.4.1	792	743	183	1,718

資料：総務省

第二節　被保険者数は逓減傾向

国民健康保険は、住民の一人ひとりが被保険者ですが、必要な手続きや保険料（税）の納入は世帯主が行うことになっており、世帯を単位に適用されているといえます。この世帯数および被保険者数について数年のうごきをみたものが表６－３です。

この表６－３をみますと、被保険者数では市町村については減少傾向（平成二十年は後期高齢者医療制度創設に伴い、七十五歳以上の者が市町村国保から移行したため減少している）になっています。また、国民健康保険組合については保険者数のところでみたのと同様に、大工や左官の人たちが日雇労働者健康保険から移ってきた昭和四十五年に急増しましたが、近年は全体として減少の傾向をみせています。また、世帯数は、核家族化にともなう世帯分離が急速に進んでいることを反映して増加傾向でしたが、最近は大概減少傾向です。

表６－４は、適用の状況を表したものです。これによると、国民健康保険には、全国民のうち約四分の一にあたる約二千八百五万人が加入しており、医療保障各制度の中では最大の加入者を誇っています。

表６－５は、世帯主の職業別の構成をみたものであり、無職の割合がもっとも高くなっています。

第三節　保険給付費は急上昇

国民健康保険の目的は、いうまでもなく保険給付を行うことです。そして、その中心となるのは医療給付です。

〔表6-3〕 世帯数および被保険者数の推移 （各年度末現在）

年度別	世帯数			被保険者数		
	計	市町村	組合	計	市町村	組合
	千世帯	千世帯	千世帯	千人	千人	千人
昭和60年度	17,480	16,181	1,299	45,294	41,750	3,544
平成7年度	20,335	18,412	1,924	43,240	38,590	4,650
8	20,840	18,887	1,953	43,688	39,019	4,669
9	21,419	19,519	1,899	44,336	39,814	4,522
10	22,202	20,338	1,864	45,454	41,021	4,433
11	22,985	21,153	1,831	46,581	42,242	4,340
12	23,747	21,948	1,799	47,628	43,374	4,254
13	24,613	22,834	1,780	48,953	44,770	4,183
14	25,467	23,713	1,754	50,297	46,191	4,106
15	26,167	24,437	1,731	51,236	47,200	4,036
16	26,612	24,897	1,714	51,579	47,609	3,970
17	27,014	25,302	1,711	51,627	47,693	3,934
18	27,215	25,508	1,706	51,268	47,380	3,888
19	27,295	25,580	1,715	50,724	46,881	3,843
20	21,967	20,327	1,640	39,492	35,970	3,522
21	21,935	20,330	1,605	39,098	35,665	3,433
22	21,914	20,372	1,542	38,769	35,493	3,277
23	21,838	20,360	1,477	38,313	35,197	3,116
24	21,696	20,253	1,443	37,678	34,658	3,020
25	21,524	20,101	1,423	36,927	33,973	2,954
26	21,231	19,813	1,418	35,937	33,025	2,911
27	20,824	19,411	1,413	34,687	31,822	2,864
28	20,146	18,736	1,410	32,940	30,126	2,814
29	19,567	18,159	1,407	31,475	28,702	2,773
30	19,087	17,682	1,405	30,256	27,517	2,739
令和元年度	18,743	17,330	1,414	29,324	26,599	2,726
2	18,658	17,242	1,416	28,904	26,193	2,711
3	18,313	16,899	1,415	28,051	25,369	2,683

資料：国民健康保険事業年報

〔表6-4〕 医療保障適用状況 （令和3年度末現在）（単位：千人）

	総数			
	被保険者	被扶養者	計	構成比
1. 被用者保険（計）	46,319	31,148	77,467	61.94
（1） 協会けんぽ	25,072	15,193	40,265	32.19
（2） 組合健保	16,411	11,971	28,382	22.69
（3） 共済組合	4,767	3,923	8,690	6.95
2. 国保（計）	28,051	·	28,051	22.43
（1） 市町村	25,369	·	25,369	20.28
（2） 国保組合	2,683	·	2,683	2.14
計	92,803	31,148	123,952	*99.10

*生活保護法適用者等を除いているため100%にならない。
資料：医療保険に関する基礎資料

〔表6-5〕　世帯主の職業別構成比の推移

	18	19	20	21	22	23	24	25	26	27	28	29	30	R1	R2	R3	R4
計	% 100.0	% 100.0	% 100.0	% 100.0	% 100.0	% 100.0	% 100.0	% 100.0	% 100.0	% 100.0	% 100.0	% 100.0	% 100.0	% 100.0	% 100.0	% 100.0	% 100.0
農林水産業	4.0	3.9	3.4	3.1	3.1	2.8	2.8	2.6	2.5	2.5	2.3	2.3	2.3	2.3	2.3	2.2	2.1
その他の自営業	14.5	14.3	17.3	16.3	15.5	14.5	14.7	14.3	14.5	14.5	15.0	15.6	15.8	15.9	16.6	17.2	16.5
被用者	24.0	23.6	33.7	35.2	35.3	35.8	35.2	35.0	34.4	34.1	34.0	32.7	32.3	32.7	33.2	32.5	32.0
無職	54.8	55.4	39.6	39.6	40.8	42.6	43.4	43.4	43.9	44.1	43.9	45.3	45.4	44.8	43.5	43.3	45.3
その他	2.6	2.8	6.0	5.9	5.2	4.2	4.0	4.7	4.8	4.8	4.8	4.1	4.3	4.3	4.3	4.8	4.0

資料：国民健康保険実態調査報告

したがって、医療費の動向の如何が保険給付費の大きさをきめることになり保険財政上もこの給付費に見合う財源を確保しなければならないことになるので、医療費の動向を正確に把握することが最も大切なことといえるでしょう。

一　保険給付の水準

国民健康保険の保険給付は、大半が国民健康保険法によって、各保険者にその実施が義務づけられていますが、任意給付の実施やその内容等は、各保険者の財政の状況に応じて、若干の違いがあります。

表６－６は、任意給付を実施している保険者を年度別にみたものです。令和三年度は出産育児給付、葬祭給付共に全ての保険者で実施されています。

さらに、葬祭給付、出産育児給付等のその他の保険給付の状況を表６－７でみてみると、総数で約六百十九億円となり、そのうち出産育児給付が三百八十九億円で約六十三%を占めています。これを一件当たり額でみると、平均二万二百九円で、出産育児給付が四十一万六千七十五円と高くなっています。

二　医療費の伸びは経済成長を上回る

わが国の医療費は、急激に伸びています。令和三年では、約四十五兆円となっています。表６－８は、その状況を示したものです。この医療費には、

〔表6-6〕 年度別、出産育児給付、葬祭給付、実施保険者数

（各年度末現在）

年　　度	保険者総数	出産育児給付を実施している保険者数	葬祭給付を実施している保険者数
平成10年度	3,415	3,415	3,414
11	3,411	3,411	3,410
12	3,408	3,408	3,407
13	3,401	3,401	3,400
14	3,390	3,384	3,384
15	3,310	3,308	3,308
16	2,697	2,697	2,697
17	2,001	2,001	2,000
18	1,983	1,983	1,982
19	1,969	1,969	1,968
20	1,953	1,953	1,952
21	1,888	1,888	1,887
22	1,888	1,888	1,887
23	1,881	1,881	1,880
24	1,881	1,881	1,880
25	1,881	1,881	1,880
26	1,880	1,880	1,879
27	1,880	1,880	1,879
28	1,879	1,879	1,878
29	1,879	1,879	1,878
30	1,878	1,878	1,877
令和元年度	1,878	1,878	1,877
2	1,877	1,877	1,876
3	1,877	1,877	1,877

資料：国民健康保険事業年報

〔表6-7〕 その他の保険給付

（令和3年度）

		出産育児給付	葬祭給付	傷病手当金	出産手当金	その他任意給付	計
総数	件数（千件）	93	173	101	2	2,692	3,061
	給付額（百万円）	38,859	8,000	6,852	529	7,616	61,857
	1件当たり額（円）	416,075	46,317	68,056	246,207	2,829	20,209

資料：国民健康保険事業年報

正常分娩の費用、健康診断費、予防接種、義肢、義眼、入院の室代差額、歯科差額、買薬、あんま、はり等は含まれておりません。

これは、医学、医術の進歩による医療水準の向上、医療設備の近代化や新しい薬の開発によるもののほか、人口の年齢構成が年々老齢化し、その受診率や医療費用の増加も影響しているものと考えられます。

なお、令和二年度については、前年度に比べて、約一・四兆円減少していますが、その理由として、コロナ禍における受診控えのほかに、基本的な感染対策としてのマスクの着用の徹底、手洗いうがいの励行、社会的距離の確保など、新しい生活様式の浸透による呼吸器系疾患を中心とする疾病の減少などの影響が指摘されています。

三　診療諸率から医療費を分析すると

医療費がどのような動きをしているのかを分析するのが診療諸率というものです。

まず、表6－9から被保険者百人当たりの受診件数（受診率）をみてみましょう。これは、受診の件数（具体的には、毎月医療機関から出される診療報酬明細書の数）を被保険者数で割ったものです。

次に表6－10は、一件当たりの日数ですが、最近では減少してきています。

表6－11は、一日当たりの医療費、具体的には診療報酬明細書一枚当たりの金額です。一日当たりの医療費は増加の傾向を示しています。

これらの受診率、一件当たり日数、一日当たり医療費を毎月検討し、異常を見つけたときは、インフルエンザ等の流行があったのか、高額な医療費を要する患者の発生によるものか、医療機関の新設や設備の変更によるものか等の原因を調べ、対策を考えていく必要があるわけです。その意味で、この診療諸率の動きは、絶えず注意

〔表 6-8〕国民医療費・対国内総生産比率の年次推移

年次	国民医療費（億円）	対前年度増減率（%）	人口一人当たり国民医療費（千円）	対前年度増減率（%）	国内総生産（GDP）（億円）	対前年度増減率（%）	国内総生産に対する国民医療費の比率（%）
昭和 50 年度（1975）	64,779	20.4	57.9	19.1	1,523,616	10.0	4.25
60（'85）	160,159	6.1	132.3	5.4	3,303,968	7.2	4.85
61（'86）	170,690	6.6	140.3	6.0	3,422,664	3.6	4.99
62（'87）	180,759	5.9	147.8	5.3	3,622,967	5.9	4.99
63（'88）	187,554	3.8	152.8	3.4	3,876,856	7.0	4.84
平成元年度（'89）	197,290	5.2	160.1	4.8	4,158,852	7.3	4.74
2（'90）	206,074	4.5	166.7	4.1	4,516,830	8.6	4.56
3（'91）	218,260	5.9	176.0	5.6	4,736,076	4.9	4.61
4（'92）	234,784	7.6	188.7	7.2	4,832,556	2.0	4.86
5（'93）	243,631	3.8	195.3	3.5	4,826,076	△ 0.1	5.05
6（'94）	257,908	5.9	206.3	5.6	5,119,588	6.1	5.04
7（'95）	269,577	4.5	214.7	4.1	5,252,995	2.6	5.13
8（'96）	284,542	5.6	226.1	5.3	5,386,596	2.5	5.28
9（'97）	289,149	1.6	229.2	1.4	5,425,080	0.7	5.33
10（'98）	295,823	2.3	233.9	2.1	5,345,641	△ 1.5	5.53
11（'99）	307,019	3.8	242.3	3.6	5,302,986	△ 0.8	5.79
12（2000）	301,418	△ 1.8	237.5	△ 2.0	5,376,142	1.4	5.61
13（'01）	310,998	3.2	244.3	2.9	5,274,105	△ 1.9	5.90
14（'02）	309,507	△ 0.5	242.9	△ 0.6	5,234,659	△ 0.7	5.91
15（'03）	315,375	1.9	247.1	1.7	5,262,199	0.5	5.99
16（'04）	321,111	1.8	251.5	1.8	5,296,379	0.6	6.06
17（'05）	331,289	3.2	259.3	3.1	5,341,062	0.8	6.20
18（'06）	331,276	△ 0.0	259.3	△ 0.0	5,372,579	0.6	6.17
19（'07）	341,360	3.0	267.2	3.0	5,384,855	0.2	6.34
20（'08）	348,084	2.0	272.6	2.0	5,161,749	△ 4.1	6.74
21（'09）	360,067	3.4	282.4	3.6	4,973,642	△ 3.6	7.24
22（'10）	374,202	3.9	292.2	3.5	5,048,737	1.5	7.41
23（'11）	385,850	3.1	301.9	3.3	5,000,462	△ 1.0	7.72
24（'12）	392,117	1.6	307.5	1.9	4,994,206	△ 0.1	7.85
25（'13）	400,610	2.2	314.7	2.3	5,126,775	2.7	7.81
26（'14）	408,071	1.9	321.1	2.0	5,234,228	2.1	7.80
27（'15）	423,644	3.8	333.3	3.8	5,407,408	3.3	7.83
28（'16）	421,381	△ 0.5	332.0	△ 0.4	5,448,299	0.8	7.73
29（'17）	430,710	2.2	339.9	2.4	5,557,125	2.0	7.75
30（'18）	433,949	0.8	343.2	1.0	5,565,705	0.2	7.80
令和元年度（'19）	443,895	2.3	351.8	2.5	5,568,363	0.0	7.97
2（'20）	429,665	△ 3.2	340.6	△ 3.2	5,375,615	△ 3.5	7.99
3（'21）	450,359	4.8	358.8	5.3	5,505,304	2.4	8.18

（注）1　平成 12 年 4 月から介護保険制度が開始されたことに伴い、従来国民医療費の対象となっていた費用のうち介護保険の費用に移行したものがあるが、これらは平成 12 年度以降、国民医療費に含まれていない。
　　2　国内総生産 (GDP) は、内閣府「国民経済計算」による。

〔表6-9〕 年度別被保険者100人当たり受診件数（受診率）

年度		受診率 計	受診率 入院	受診率 入院外	受診率 歯科	伸び率 計	伸び率 入院	伸び率 入院外	伸び率 歯科
						%	%	%	%
総数	平成23年度	968.6	21.2	781.1	165.2	1.3	0.0	1.0	3.1
	24	985.4	21.4	793.1	169.8	1.7	0.9	1.5	2.8
	25	997.2	21.5	799.5	174.8	1.2	0.4	0.8	3.0
	26	1,013.0	21.7	809.0	180.7	1.6	1.0	1.2	3.4
	27	1,031.2	22.2	821.9	185.2	1.8	2.1	1.6	2.5
	28	1,039.8	22.4	828.0	187.0	0.8	1.3	0.7	1.0
	29	1,049.7	22.8	833.2	191.0	0.9	1.6	0.6	2.1
	30	1,061.0	23.0	840.8	194.1	1.1	0.8	0.9	1.6
	令和元年度	1,072.6	23.1	845.0	200.8	1.1	0.6	0.5	3.5
	2	988.7	22.1	779.5	182.9	−7.8	−4.3	−7.8	−8.9
	3	1,052.3	22.5	827.4	197.6	6.4	1.5	6.1	8.1
市町村	平成23年度	986.2	22.1	796.0	167.0	1.3	−0.1	0.9	3.0
	24	1,003.4	22.3	808.1	171.7	1.7	0.8	1.5	2.8
	25	1,016.0	22.4	815.2	176.9	1.3	0.5	0.9	3.1
	26	1,032.7	22.7	825.4	182.9	1.6	1.1	1.3	3.4
	27	1,051.6	23.1	838.8	187.6	1.8	2.1	1.6	2.5
	28	1,061.5	23.5	846.0	189.6	0.9	1.5	0.9	1.1
	29	1,072.7	23.9	852.1	193.7	1.1	1.9	0.7	2.2
	30	1,085.0	24.2	860.6	196.9	1.2	1.0	1.0	1.7
	令和元年度	1,098.5	24.4	866.2	204.0	1.2	0.9	0.7	3.6
	2	1,014.7	23.4	801.4	185.4	−7.6	−4.0	−7.5	−9.1
	3	1,079.7	23.8	850.2	200.5	6.4	1.5	6.1	8.2
国保組合	平成23年度	770.5	10.8	614.4	145.0	1.4	−1.3	1.1	2.7
	24	778.6	10.8	619.8	147.6	1.0	−0.4	0.9	1.8
	25	778.4	10.7	616.8	150.5	−0.0	−0.6	−0.5	1.9
	26	786.3	10.8	620.1	155.0	1.0	0.4	0.5	3.0
	27	800.6	11.0	631.0	158.2	1.8	2.1	1.8	2.0
	28	800.8	10.8	630.3	159.1	0.0	−1.6	−0.1	0.6
	29	806.3	10.8	633.1	161.7	0.7	−0.2	0.5	1.6
	30	813.6	10.7	637.6	164.4	0.9	−0.6	0.7	1.7
	令和元年度	814.3	10.6	634.1	168.8	0.1	−0.9	−0.6	2.6
	2	734.8	9.8	565.7	158.3	−9.8	−7.5	−10.8	−6.2
	3	788.7	10.1	607.9	169.6	7.3	2.7	7.5	7.1

（注）1 市町村については3月～2月診療ベースで算出している。
2 訪問看護は「計」のみに計上しており、療養費等は含まない。

〔表6-10〕 年度別1件当たり日数

年度		1件当たり日数 計	1件当たり日数 入院	1件当たり日数 入院外	1件当たり日数 歯科	伸び率 計	伸び率 入院	伸び率 入院外	伸び率 歯科
		日	日	日	日	%	%	%	%
総数	平成23年度	2.1	16.1	1.7	2.1	－1.7	－0.4	－1.8	－2.2
	24	2.1	16.0	1.7	2.1	－2.1	－1.1	－2.1	－2.6
	25	2.1	16.0	1.6	2.1	－1.4	－0.4	－1.6	－2.0
	26	2.0	15.8	1.6	2.0	－1.3	－0.8	－1.2	－2.6
	27	1.97	15.66	1.60	1.95	－1.2	－0.7	－1.3	－2.2
	28	1.95	15.60	1.58	1.91	－1.2	－0.4	－1.5	－2.1
	29	1.93	15.66	1.56	1.87	－0.8	0.4	－1.1	－2.2
	30	1.91	15.66	1.54	1.83	－1.2	0.0	－1.3	－2.4
	令和元年度	1.89	15.71	1.52	1.78	－1.0	0.4	－1.1	－2.7
	2	1.89	15.81	1.50	1.78	－0.0	0.6	－1.6	0.0
	3	1.87	15.70	1.50	1.72	－1.4	－0.7	－0.1	－3.4
市町村	平成23年度	2.1	16.4	1.7	2.2	－1.8	－0.5	－1.8	－2.2
	24	2.1	16.2	1.7	2.1	－2.1	－1.1	－2.1	－2.6
	25	2.1	16.1	1.7	2.1	－1.5	－0.4	－1.6	－2.0
	26	2.0	16.0	1.6	2.0	－1.3	－0.8	－1.2	－2.6
	27	2.0	15.89	1.61	1.96	－1.2	－0.6	－1.3	－2.2
	28	1.97	15.83	1.58	1.92	－1.2	－0.4	－1.5	－2.2
	29	1.96	15.90	1.57	1.88	－0.7	0.4	－1.1	－2.1
	30	1.93	15.91	1.55	1.84	－1.1	0.1	－1.3	－2.2
	令和元年度	1.92	15.98	1.53	1.79	－1.0	0.4	－1.1	－2.4
	2	1.92	16.08	1.50	1.79	－0.0	0.6	－1.7	－2.7
	3	1.89	15.98	1.50	1.73	－1.3	－0.6	－0.0	0.0
国保組合	平成23年度	1.8	11.0	1.6	2.0	－1.8	－1.0	－1.6	－3.3
	24	1.7	10.8	1.5	2.0	－2.1	－1.8	－2.0	－2.1
	25	1.7	10.6	1.5	1.9	－1.4	－1.8	－1.3	－2.6
	26	1.7	10.4	1.5	1.9	－0.9	－1.3	－0.7	－2.0
	27	1.67	10.17	1.47	1.83	－1.6	－2.5	－1.3	－1.9
	28	1.64	10.04	1.45	1.79	－1.6	－1.3	－1.3	－2.4
	29	1.62	9.94	1.44	1.76	－1.2	－0.9	－1.0	－2.1
	30	1.60	9.79	1.42	1.72	－1.5	－1.6	－1.1	－2.1
	令和元年度	1.58	9.71	1.41	1.67	－1.2	－0.9	－0.9	－2.4
	2	1.57	9.53	1.39	1.68	－0.4	－1.8	－1.0	－2.4
	3	1.55	9.40	1.39	1.61	－1.6	－1.4	－0.4	0.3
									－4.2

（注）1　市町村については3月～2月診療ベースで算出している。
　　　2　訪問看護は「計」のみに計上しており、療養費等は含まない。

〔表6-11〕 年度別1日当たり医療費

年度		1日当たり医療費				伸び率			
		計	入院	入院外	歯科	計	入院	入院外	歯科
		円	円	円	円	%	%	%	%
総数	平成23年度	14,426	32,501	11,942	6,372	3.7	2.9	4.8	1.4
	24	14,826	33,670	12,225	6,478	2.8	3.6	2.4	1.7
	25	15,281	34,384	12,742	6,490	3.1	2.1	4.2	0.2
	26	15,658	35,199	13,087	6,605	2.5	2.4	2.7	1.8
	27	16,334	35,916	13,873	6,688	4.3	2.0	6.0	1.3
	28	16,525	36,318	13,949	6,802	1.2	1.1	0.5	1.7
	29	16,919	36,851	14,283	6,880	2.4	1.5	2.4	1.2
	30	17,194	37,521	14,425	7,018	1.6	1.8	1.0	2.0
	令和元年度	17,669	38,129	14,937	7,116	2.8	1.6	3.5	1.4
	2	18,751	38,842	16,011	7,605	6.1	1.9	7.2	6.9
	3	19,015	40,494	16,179	7,790	1.4	4.3	1.1	2.4
市町村	平成23年度	14,514	32,131	12,006	6,376	3.7	3.0	4.8	1.4
	24	14,914	33,280	12,292	6,480	2.8	3.6	2.4	1.6
	25	15,371	33,988	12,811	6,492	3.1	2.1	4.2	0.2
	26	15,754	34,797	13,163	6,604	2.5	2.4	2.7	1.7
	27	16,436	35,486	13,958	6,686	4.3	2.0	6.0	1.2
	28	16,637	35,872	14,044	6,799	1.2	1.1	0.6	1.7
	29	17,041	36,382	14,387	6,876	2.4	1.4	2.4	1.1
	30	17,325	37,021	14,538	7,012	1.7	1.8	1.0	2.0
	令和元年度	17,803	37,602	15,053	7,107	2.8	1.6	3.5	1.4
	2	18,886	38,291	16,125	7,597	6.1	1.8	7.1	6.9
	3	19,145	39,881	16,289	7,782	1.4	4.2	1.0	2.4
国保組合	平成23年度	12,909	45,218	10,910	6,315	2.7	2.4	4.0	1.3
	24	13,263	47,657	11,123	6,450	2.7	5.4	1.9	2.1
	25	13,664	49,030	11,584	6,467	3.0	2.9	4.1	0.3
	26	13,921	50,172	11,827	6,625	1.9	2.3	2.1	2.4
	27	14,519	51,929	12,467	6,708	4.3	3.5	5.4	1.3
	28	14,562	53,168	12,406	6,848	0.3	2.4	−0.5	2.1
	29	14,847	54,450	12,660	6,944	2.0	2.4	2.0	1.4
	30	15,023	56,349	12,723	7,089	1.2	3.5	0.5	2.1
	令和元年度	15,483	57,932	13,215	7,227	3.1	2.8	3.9	1.9
	2	16,517	60,473	14,308	7,700	6.7	4.4	8.3	6.5
	3	16,916	64,098	14,578	7,891	2.4	6.0	1.9	2.5

(注) 1　市町村については3月～2月診療ベースで算出している。
2　入院の医療費には食事療養・生活療養、入院外の医療費には調剤の医療費をそれぞれ合算している。
3　訪問看護は「計」のみに計上しており、療養費等は含まない。

〔表6-12〕 年度別1人当たり医療費

年度		1人当たり医療費 計	1人当たり医療費 入院	1人当たり医療費 入院外	1人当たり医療費 歯科	伸び率 計	伸び率 入院	伸び率 入院外	伸び率 歯科
		円	円	円	円	%	%	%	%
総数	平成23年度	298,155	111,265	158,739	22,609	3.2	2.4	4.0	2.2
	24	305,210	114,987	161,572	23,019	2.4	3.3	1.8	1.8
	25	313,483	117,441	167,107	23,280	2.7	2.1	3.4	1.1
	26	321,885	120,528	171,671	23,861	2.7	2.6	2.7	2.5
	27	337,296	124,644	182,425	24,209	4.8	3.4	6.3	1.5
	28	339,651	127,104	182,081	24,348	0.7	2.0	−0.2	0.6
	29	347,893	131,587	185,462	24,594	2.4	3.5	1.9	1.0
	30	352,917	135,031	186,563	24,885	1.4	2.6	0.6	1.2
	令和元年度	362,755	138,595	191,998	25,395	2.8	2.6	2.9	2.1
	2	354,393	135,975	186,787	24,724	−2.3	−1.9	−2.7	−2.6
	3	377,253	142,884	200,220	26,438	6.5	5.1	7.2	6.9
市町村	平成23年度	308,669	116,392	163,601	22,987	3.1	2.3	3.9	2.2
	24	315,856	120,174	166,496	23,403	2.3	3.2	1.8	1.8
	25	324,543	122,780	172,267	23,681	2.8	2.2	3.5	1.2
	26	333,461	126,108	177,088	24,258	2.7	2.7	2.8	2.4
	27	349,697	130,531	188,324	24,629	4.9	3.5	6.3	1.5
	28	352,839	133,409	188,311	24,784	0.9	2.2	−0.0	0.6
	29	362,159	138,503	192,111	25,054	2.6	3.8	2.0	1.1
	30	367,989	142,413	193,504	25,361	1.6	2.8	0.7	1.2
	令和元年度	378,939	146,521	199,447	25,896	3.0	2.9	3.1	2.1
	2	370,881	144,100	194,370	25,159	−2.1	−1.7	−2.5	−2.8
	3	394,729	151,415	208,247	26,949	6.4	5.1	7.1	7.1
国保組合	平成23年度	179,841	53,573	104,030	18,356	2.2	0.1	3.4	1.9
	24	182,649	55,269	104,880	18,601	1.6	3.2	0.8	1.3
	25	185,233	55,535	107,268	18,629	1.4	0.5	2.3	0.2
	26	188,664	56,308	109,317	19,289	1.9	1.4	1.9	3.5
	27	197,042	58,061	115,709	19,456	4.4	3.1	5.8	0.9
	28	194,451	57,683	113,485	19,553	−1.3	−0.7	−1.9	0.5
	29	196,968	58,420	115,117	19,724	1.3	1.3	1.4	0.9
	30	198,003	59,154	115,212	19,989	0.5	1.3	0.1	1.3
	令和元年度	201,777	59,752	117,904	20,413	1.9	1.0	2.3	2.1
	2	193,409	56,637	112,747	20,477	−4.1	−5.2	−4.4	0.3
	3	209,058	60,784	122,967	21,530	8.1	7.3	9.1	5.1

（注）1　市町村については3月～2月診療ベースで算出している。
2　入院の医療費には食事療養・生活療養、入院外の医療費には調剤の医療費をそれぞれ合算している。
3　訪問看護及び療養費等は「計」のみに計上される。

してみている必要があるのです。

表6－12は、一人当たりの医療費で、増加傾向にあります。なお、令和二年度については、前年度に比べて約八千円減少していますが、これは一七三頁で見たように、コロナ禍の影響が指摘されています。これが医療需要の動向をみる指標となるものです。

次に、もう少し別の見方をしてみましょう。表6－13は、年齢階級別に医療費の実態をみたものです。これをみて目立つことは、幼児と老人の受診率が著しく高いことです。ところが、一件当たり費用額では、四歳以下と七十歳以上との間に約一・四倍の開きがあり、一人当たりの費用額では約二・四倍も違います。幼児の医療費は、受診が多い割には安いのです。早期に治療し、早く治ってしまうため、入院より入院外が主体となっているのです。一方、老人は回数も多く、その都度の費用も高くついているわけです。一件当たり費用額は、年齢が上がるにしたがって高くなっていますが、一人当たりの費用額は十代から二十代の元気な青年時代はやはり少なくて済んでいます。これは、一人当たり費用額が、一件当たり診療費に受診率を掛けたものになるので、一件当たり診療費が年齢にしたがって上がっても、受診率がそれ以上に下がっている青少年の医療費は低くなっているということです。

四　老人医療費の増大

表6－14でみるように、老人医療費の伸びは、高齢化の進展もあり、増加の傾向にあります。

〔表6-13〕 年齢階級別、入院・入院外・歯科・調剤・食事療養別諸率（国民健康保険計）

（令和3年度）

100人当たり件数（件）

	受診率 計	受診率 入院	受診率 入院外	受診率 歯科	調剤	食事・生活療養
総数	1,049.71	22.74	829.36	197.61	552.17	21.37
0歳－4歳	965.07	19.12	846.93	99.02	595.22	13.78
5－9	814.86	3.80	563.25	247.82	364.70	3.35
10－14	615.57	3.78	456.45	155.34	270.88	3.44
15－19	474.69	4.82	373.82	96.05	215.87	4.61
20－24	443.49	6.60	338.14	98.75	201.40	5.92
25－29	535.98	9.11	404.04	122.82	251.50	7.88
30－34	598.12	11.42	451.76	134.94	288.03	10.06
35－39	630.56	12.82	474.38	143.36	308.15	11.66
40－44	683.07	14.14	514.25	154.68	338.30	13.35
45－49	748.23	17.44	567.99	162.80	376.11	16.66
50－54	838.70	21.90	644.47	172.33	429.15	20.90
55－59	966.88	27.88	748.61	190.38	501.60	26.60
60－64	1,115.63	28.80	873.50	213.34	585.11	27.38
65－69	1,278.86	26.63	1,018.70	233.53	682.78	25.22
70－74	1,525.01	33.58	1,236.87	254.57	834.51	31.67
（再掲）未就学児	936.95	15.12	787.55	134.28	548.69	11.08

1件当たり日数（日）

	日数 計	日数 入院	日数 入院外	日数 歯科	調剤（枚）	食事・生活療養（回）
総数	1.84	15.70	1.49	1.71	1.17	44.28
0歳－4歳	1.56	7.08	1.47	1.24	1.36	18.01
5－9	1.36	8.24	1.32	1.36	1.18	19.52
10－14	1.38	11.03	1.33	1.28	1.14	28.01
15－19	1.45	10.90	1.31	1.53	1.14	28.10
20－24	1.56	11.98	1.31	1.72	1.17	33.51
25－29	1.64	12.72	1.37	1.73	1.19	37.36
30－34	1.73	14.46	1.41	1.71	1.20	43.06
35－39	1.81	16.57	1.44	1.71	1.20	49.07
40－44	1.89	18.34	1.48	1.72	1.20	53.47
45－49	2.00	19.33	1.54	1.75	1.20	56.21
50－54	2.08	19.52	1.58	1.76	1.20	56.69
55－59	2.13	19.50	1.58	1.75	1.20	56.58
60－64	2.00	17.89	1.54	1.73	1.18	51.22
65－69	1.80	14.90	1.47	1.73	1.15	41.30
70－74	1.83	14.21	1.51	1.75	1.16	38.79
（再掲）未就学児	1.51	7.10	1.44	1.31	1.33	17.90

1件当たり医療費（円）

	診療費 計	診療費 入院	診療費 入院外	診療費 歯科	調剤	食事・生活療養	入院＋食事・生活療養（医科）	入院外＋調剤
総数	28,560	611,131	16,208	13,352	12,140	29,410	638,723	24,290
0歳－4歳	21,381	513,221	11,629	9,825	4,833	11,593	521,573	15,025
5－9	11,728	523,978	9,081	9,891	6,730	12,551	534,973	13,439
10－14	13,690	615,063	10,070	9,677	8,847	18,058	631,435	15,321
15－19	16,381	542,835	10,564	12,580	9,115	18,173	559,977	15,828
20－24	18,853	461,141	11,573	14,231	9,246	21,539	480,276	17,081
25－29	19,781	433,576	12,183	14,083	9,894	24,097	454,310	18,341
30－34	21,563	460,227	12,797	13,783	11,064	27,808	484,642	19,852
35－39	23,725	499,271	13,924	13,636	12,248	31,861	528,210	21,880
40－44	25,916	542,296	15,388	13,727	12,983	34,870	575,181	23,929
45－49	28,997	568,567	16,758	13,915	13,659	36,801	603,700	25,802
50－54	31,837	575,895	18,138	13,926	13,741	37,197	611,371	27,289
55－59	34,319	587,553	18,941	13,770	13,580	37,195	623,006	28,040
60－64	32,804	610,923	18,471	13,451	12,938	33,788	643,019	27,138
65－69	28,877	641,683	16,437	13,260	12,060	27,709	667,888	24,520
70－74	29,959	648,164	16,545	13,593	12,378	26,122	672,763	24,896
（再掲）未就学児	19,238	512,516	11,264	10,448	5,085	11,522	520,952	14,808

1人当たり医療費（円）

	総計	診療費 計	診療費 入院	診療費 入院外	診療費 歯科	調剤	食事・生活療養	入院＋食事・生活療養（医科）	入院外＋調剤
総数	373,116	299,801	138,992	134,425	26,384	67,031	6,284	145,268	201,455
0歳－4歳	236,706	206,340	98,126	98,486	9,728	28,768	1,598	99,723	127,254
5－9	120,534	95,568	19,909	51,147	24,512	24,546	421	20,327	75,693
10－14	108,859	84,272	23,273	45,967	15,032	23,965	622	23,893	69,932
15－19	98,273	77,757	26,184	39,490	12,083	19,678	838	27,011	59,168
20－24	103,509	83,612	30,424	39,135	14,053	18,622	1,275	31,686	57,757
25－29	132,804	106,022	39,502	49,223	17,297	24,883	1,899	41,391	74,106
30－34	163,640	128,975	52,564	57,813	18,599	31,867	2,797	55,352	89,681
35－39	191,054	149,599	63,995	66,056	19,548	37,740	3,715	67,704	103,796
40－44	225,605	177,029	76,662	79,132	21,234	43,922	4,655	81,311	123,054
45－49	274,472	216,968	99,131	95,182	22,655	51,373	6,131	105,256	146,555
50－54	333,764	267,017	126,125	116,895	23,998	58,972	7,775	133,894	175,866
55－59	409,829	331,821	163,814	141,792	26,215	68,116	9,892	173,699	209,908
60－64	450,932	365,977	175,932	161,348	28,697	75,702	9,252	185,175	237,050
65－69	458,626	369,293	170,880	167,446	30,967	82,344	6,989	177,859	249,789
70－74	568,444	456,875	217,634	204,637	34,604	103,297	8,272	225,894	307,934
（再掲）未就学児	209,428	180,250	77,500	88,721	14,030	27,901	1,277	78,775	116,621

（出典：令和3年度医療給付実態調査をもとに作成）

〔表6-14〕　国民医療費、後期高齢者医療費の推移

	国民医療費		人口１人当たり国民医療費		後期高齢者医療費（老人医療費）		後期高齢者医療費（老人医療費）の国民医療費に対する割合
		増減率		増減率		増減率	
	億円	%	千円	%	億円	%	%
昭和60年度	160,159	6.1	132.3	5.4	40,673	12.7	25.4
61	170,690	6.6	140.3	6.0	44,377	9.1	26.0
62	180,759	5.9	147.8	5.3	48,309	8.9	26.7
63	187,554	3.8	152.8	3.4	51,593	6.8	27.5
平成元年度	197,290	5.2	160.1	4.8	55,578	7.7	28.2
2	206,074	4.5	166.7	4.1	59,269	6.6	28.8
3	218,260	5.9	176.0	5.6	64,095	8.1	29.4
4	234,784	7.6	188.7	7.2	69,372	8.2	29.5
5	243,631	3.8	195.3	3.5	74,511	7.4	30.6
6	257,908	5.9	206.3	5.6	81,596	9.5	31.6
7	269,577	4.5	214.7	4.1	89,152	9.3	33.1
8	284,542	5.6	226.1	5.3	97,232	9.1	34.2
9	289,149	1.6	229.2	1.4	102,786	5.7	35.5
10	295,823	2.3	233.9	2.1	108,932	6.0	36.8
11	307,019	3.8	242.3	3.6	118,040	8.4	38.4
12	301,418	－1.8	237.5	－2.0	111,997	－5.1	37.2
13	310,998	3.2	244.3	2.9	116,560	4.1	37.5
14	309,507	－0.5	242.9	－0.6	117,300	0.6	37.9
15	315,375	1.9	247.1	1.7	116,524	－0.7	36.9
16	321,111	1.8	251.5	1.8	115,764	－0.7	36.1
17	331,289	3.2	259.3	3.1	116,444	0.6	35.1
18	331,276	－0.0	259.3	－0.0	112,594	－3.3	34.0
19	341,360	3.0	267.2	3.0	112,753	0.1	33.0
20	348,084	2.0	272.6	2.0	114,146	(1.2)	32.8
21	360,067	3.4	282.4	3.6	120,108	5.2	33.4
22	374,202	3.9	292.2	3.5	127,213	5.9	34.0
23	385,850	3.1	301.9	3.3	132,991	4.5	34.5
24	392,117	1.6	307.5	1.9	137,044	3.0	34.9
25	400,610	2.2	314.7	2.3	141,912	3.6	35.4
26	408,071	1.9	321.1	2.0	144,927	2.1	35.5
27	423,644	3.8	333.3	3.8	151,323	4.4	35.7
28	421,381	－0.5	332.0	－0.4	153,806	1.6	36.5
29	430,710	2.2	339.9	2.4	160,229	4.2	37.2
30	433,949	0.8	343.2	1.0	164,246	2.5	37.8
令和元年度	443,895	2.3	351.8	2.5	170,562	3.8	38.4
2	429,665	－3.2	340.6	－3.2	165,681	－2.9	38.6
3	450,359	4.8	358.8	5.3	170,763	3.1	37.9

※出典：「国民医療費」（厚生労働省政策統括官（統計・情報政策担当））、「後期高齢者医療事業年報」（厚生労働省保険局）

（注）後期高齢者医療費（老人医療費）については３～２ベースである。また、平成19年度と平成20年度で制度が異なるため単純に比較できない。

資料：医療保険に関する基礎資料

第四節　財政の状況

国民健康保険の財政は、支出に要する必要な財源を確保しなければならないという、国や地方公共団体の他の予算と違った性質をもっております。支出の大半が医療費であることから、収入が足りないからといって、支出を削減するようなことはできません。支出は医療費によって完全に左右されると言ってよいわけです。この医療費については前節で見たように年を追って急激に伸びてきており国民健康保険の財政への大きな重しになっています。この辺りが、国民健康保険財政運営の難しいところです。

このような国民健康保険がもつ性質に加え、国民健康保険については、かねてより「年齢構成が高く医療費水準が高い」「所得水準が低く保険料の負担が重い」「財政運営が不安定になるリスクの高い小規模保険者が多く、財政赤字の保険者も多く存在する」という構造的な課題が指摘されていました。このため、平成三十年において、持続可能な社会保障制度の確立を図るため、都道府県と市町村がともに国民健康保険の保険者となり、財政支援も厚くした国保法改正が行われたところです。

令和三年度における財政状況を見てみましょう（表6－15）。まず、単年度収支の状況です。市町村では単年度収支差引額は六百十億円の黒字、都道府県では、単年度収支差引額は一千八十三億円の赤字となり、市町村と都道府県の合計を見ると単年度収支差引額は四百七十三億円の赤字、国保組合は六十五億円の赤字となっております。

次に事業勘定の科目別に収支状況を見てみます（表6－16）。市町村の収入合計は、十三兆円で、そのう

〔表6-15〕　単年度収支の状況

	単年度収入決算額	単年度支出決算額	単年度収支差引額
	百万円	百万円	百万円
市町村国保	23,998,820	24,046,095	-47,275
市町村	12,665,762	12,604,777	60,985
都道府県	11,333,059	11,441,319	-108,260
国保組合	865,178	871,690	-6,512

	単年度収支差引額内訳			
	黒字保険者		赤字保険者	
	保険者数	剰余金	保険者数	不足額
		百万円		百万円
市町村国保	-	-	-	-
市町村	1,078	95,871	638	34,887
都道府県	17	18,102	30	126,362
国保組合	70	21,372	91	27,885

（注）「都道府県」の保険者数は都道府県の数である
資料：国民健康保険事業年報

ち保険料が十九・三パーセント、都道府県支出金が六十九・四パーセントを占めています。支出合計は十二・七兆円で、そのうち保険給付費が六十八・九パーセント、国民健康保険事業費納付金が二十七・二パーセントを占めています。都道府県の収入合計は、十一・九兆円で、そのうち市町村からの分担金及び負担金が二十九・一パーセント、国庫支出金が二十七・九パーセント、前期交付金が三十一・九パーセントを占めています。支出合計は十一・五兆円で、そのうち保険給付費等交付金が七十八・一パーセント、後期高齢者支援金が十三・五パーセントを占めています。

〔表6-16〕 収支状況

① 市町村

収入（市町村）

科目	決算額（百万円）	構成比（%）	1人当たり決算額（円）
保険料（税）	2,501,533	19.3	96,236
一般被保険者分	2,501,010	19.3	96,216
医療給付費分	1,727,272	13.3	66,450
後期高齢者支援金分	571,393	4.4	21,982
介護納付金分	202,346	1.6	7,784
退職被保険者等分	523	0.0	20
医療給付費分	347	0.0	13
後期高齢者支援金分	89	0.0	3
介護納付金分	87	0.0	3
国庫支出金	17,485	0.1	673
都道府県支出金	9,013,788	69.4	346,768
保険給付費等交付金（普通交付金）	8,746,004	67.3	336,466
保険給付費等交付金（特別交付金）	262,834	2.0	10,111
保険者努力支援分	52,874	0.4	2,034
特別調整交付金分	88,342	0.7	3,399
都道府県繰入金（2号分）	93,390	0.7	3,593
特定健康診査等負担金	28,227	0.2	1,086
財政安定化基金交付金	20	0.0	1
その他	4,930	0.0	190
連合会支出金	19	0.0	1
一般会計繰入金	1,088,759	8.4	41,885
保険基盤安定（保険税軽減分）	429,151	3.3	16,510
保険基盤安定（保険者支援分）	237,159	1.8	9,124
職員給与費等	177,930	1.4	6,845
出産育児一時金等	21,191	0.2	815
財政安定化支援事業	95,253	0.7	3,664
その他	128,074	1.0	4,927
直診勘定繰入金	98	0.0	4
その他の収入	44,079	0.3	1,696
小計（単年度収入）	12,665,762	97.5	487,262
基金繰入金	58,486	0.5	2,250
繰越金	266,925	2.1	10,269
市町村債	560	0.0	22
うち財政安定化基金貸付金	371	0.0	14
収入合計	12,991,732	100.0	499,802

支出（市町村）

科目	決算額（百万円）	構成比（%）	1人当たり決算額（円）
総務費	193,581	1.5	7,447
保険給付費	8,758,166	68.9	336,934
一般被保険者分計	8,734,187	68.7	336,011
療養給付費	7,500,458	59.0	288,549
療養費	75,157	0.6	2,891
高額療養費	1,116,033	8.8	42,935
高額介護合算療養費	931	0.0	36
移送費	28	0.0	1
出産育児諸費	30,243	0.2	1,163
葬祭諸費	7,576	0.1	291
育児諸費	4	0.0	0
その他	3,757	0.0	145
退職被保険者等分計	77	0.0	3
療養給付費	62	0.0	2
療養費	1	0.0	0
高額療養費	14	0.0	1
高額介護合算療養費	0	0.0	0
移送費	–	–	–
審査支払手数料	23,902	0.2	920
国民健康保険事業費納付金	3,461,569	27.2	133,169
医療給付費分	2,379,806	18.7	91,553
一般被保険者分	2,378,838	18.7	91,516
退職被保険者等分	969	0.0	37
後期高齢者支援金等分	786,187	6.2	30,245
一般被保険者分	786,037	6.2	30,239
退職被保険者等分	150	0.0	6
介護納付金分	295,576	2.3	11,371
財政安定化基金拠出金	7	0.0	0
保健事業費	110,935	0.9	4,268
保健事業費	27,307	0.2	1,051
特定健康診査等事業費	82,358	0.6	3,168
健康管理センター事業費	1,270	0.0	49
保険給付費等交付金償還金	38,987	0.3	1,500
直診勘定繰出金	8,306	0.1	320
その他の支出	33,226	0.3	1,278
小計（単年度支出）	12,604,777	99.2	484,916
単年度収支差	60,985	0.5	2,346
基金積立金	88,751	0.7	3,414
前年度繰上充用金	10,993	0.1	423
公債費	1,268	0.0	49
うち財政安定化基金償還金	280	0.0	11
支出合計	12,705,789	100.0	488,802
収支差引額	285,943	·	11,000

資料：国民健康保険事業年報

② 都道府県

都道府県 収入

科目	決算額（百万円）	構成比（%）	1人当たり決算額（円）
分担金及び負担金	3,461,576	29.1	133,170
事業費納付金	3,461,569	29.1	133,169
医療給付費分	2,379,816	20.0	91,553
一般被保険者分	2,378,867	20.0	91,517
退職被保険者等分	949	0.0	37
後期高齢者支援金等分	786,178	6.6	30,245
一般被保険者分	786,037	6.6	30,239
退職被保険者等分	141	0.0	5
介護納付金分	295,575	2.5	11,371
財政安定化基金負担金	7	0.0	0
国庫支出金	3,311,162	27.9	127,383
国庫負担金	2,370,941	20.0	91,212
療養給付費等負担金	2,255,848	19.0	86,784
高額医療費負担金	94,999	0.8	3,655
特別高額医療費共同事業負担金	6,000	0.1	231
特定健康診査等負担金	14,088	0.1	542
財政安定化基金負担金	7	0.0	0
国庫補助金	940,220	7.9	36,171
普通調整交付金	660,918	5.6	25,426
特別調整交付金	146,118	1.2	5,621
保険者努力支援制度交付金	133,163	1.1	5,123
財政安定化基金補助金	–	–	–
その他	22	0.0	1
療養給付費等交付金	3	0.0	0
前期高齢者交付金	3,791,754	31.9	145,872
特別高額医療費共同事業交付金	16,985	0.1	653
一般会計繰入金	710,651	6.0	27,339
特定健康診査等負担金繰入金	13,635	0.1	525
都道府県繰入金	596,391	5.0	22,944
高額医療費負担金繰入金	94,623	0.8	3,640
職員給与等繰入金	997	0.0	38
財政安定化基金支出金繰入金	7	0.0	0
その他	4,999	0.0	192
保険給付費等交付金返還金	39,839	0.3	1,533
その他の収入	1,091	0.0	42
小計（単年度収入）	11,333,059	95.4	435,992
基金繰入金	50,398	0.4	1,939
うち財政安定化基金繰入金	48,389	0.4	1,862
財政安定化基金貸付金返還金	280	0.0	11
繰越金	499,483	4.2	19,216
収入合計	11,883,220	100.0	457,157

都道府県 支出

科目	決算額（百万円）	構成比（%）	1人当たり決算額（円）
総務費	1,914	0.0	74
保険給付費等交付金	9,007,824	78.1	346,538
普通交付金	8,744,820	75.8	336,420
特別交付金	263,005	2.3	10,118
後期高齢者支援金等	1,553,235	13.5	59,754
後期高齢者支援金	1,553,130	13.5	59,750
事務費拠出金	105	0.0	4
前期高齢者納付金等	2,973	0.0	114
前期高齢者納付金	2,885	0.0	111
事務費拠出金	88	0.0	3
介護納付金	583,514	5.1	22,448
病床転換支援金等	6	0.0	0
病床転換支援金	0	0.0	0
事務費拠出金	6	0.0	0
特別高額医療費共同事業	16,996	0.1	654
事業費拠出金	16,986	0.1	653
事務費拠出金	10	0.0	0
財政安定化基金交付金	20	0.0	1
保健事業費	4,055	0.0	156
償還金及び還付付加金	262,220	2.3	10,088
療養給付費等負担金償還金	252,294	2.2	9,706
療養給付費等交付金償還金	7,751	0.1	298
特定健康診査等負担金償還金	2,176	0.0	84
その他の支出	8,562	0.1	329
小計（単年度支出）	11,441,319	99.2	440,157
単年度収支差	-108,260	-0.9	-4,165
基金積立金	92,306	0.8	3,551
うち財政安定化基金繰出金	86,365	0.7	3,323
財政安定化基金貸付金	371	0.0	14
前年度繰上充用金	–	–	–
支出合計	11,533,995	100.0	443,722
収支差引額	349,225	・	13,435

資料：国民健康保険事業年報

③ 国保組合

収入

科目	決算額（百万円）	構成比（%）	1人当たり決算額（円）
保険料	562,151	56.3	208,131
医療給付費分	393,274	39.4	145,606
後期高齢者支援金分	110,375	11.1	40,865
介護納付金分	58,502	5.9	21,660
国庫支出金	274,420	27.5	101,601
事務費負担金	2,200	0.2	815
療養給付費等負担金	265,355	26.6	98,245
高額医療費共同事業負担金	2,974	0.3	1,101
特定健康診査等負担金	572	0.1	212
出産育児一時金補助金	1,866	0.2	691
その他	1,452	0.1	538
前期高齢者交付金	5,065	0.5	1,875
都道府県支出金	4,625	0.5	1,712
特定健康診査等負担金	158	0.0	59
その他	4,467	0.4	1,654
高額医療費共同事業交付金	16,353	1.6	6,054
直診勘定繰入金	45	0.0	17
その他の収入	2,519	0.3	933
小計（単年度収入）	865,178	86.7	320,324
準備金繰入金	12,880	1.3	4,769
繰越金	120,011	12.0	44,433
組合債	–	–	–
収入合計	998,069	100.0	369,526

支出

科目	決算額（百万円）	構成比（%）	1人当たり決算額（円）
総務費	30,034	3.4	11,120
保険給付費	467,555	53.5	173,108
療養給付費	398,411	45.6	147,508
療養費	5,487	0.6	2,032
高額療養費	40,968	4.7	15,168
高額介護合算療養費	1	0.0	0
移送費	4	0.0	2
出産育児諸費	9,080	1.0	3,362
葬祭諸費	431	0.0	159
育児諸費	34	0.0	12
その他	10,990	1.3	4,069
審査支払手数料	2,148	0.2	795
後期高齢者支援金等	172,935	19.8	64,028
後期高齢者支援金	172,924	19.8	64,024
事務費拠出金	11	0.0	4
前期高齢者納付金等	61,108	7.0	22,625
前期高齢者納付金	61,099	7.0	22,621
事務費拠出金	9	0.0	3
介護納付金	87,442	10.0	32,375
高額医療費共同事業拠出金	16,386	1.9	6,067
保健事業費	20,598	2.4	7,626
保健事業費	15,432	1.8	5,714
特定健康診査等事業費	5,000	0.6	1,851
健康管理センター事業費	166	0.0	61
直診勘定繰出金	575	0.1	213
その他の支出	15,058	1.7	5,575
小計（単年度支出）	871,690	99.8	322,735
単年度収支差	-6,512	-0.7	-2,411
準備金積立金	1,723	0.2	638
前年度繰上充用金	–	–	–
組合債費	–	–	–
支出合計	873,413	100.0	323,373
収支差引額	124,655	·	46,153

資料：国民健康保険事業年報

そして、市町村国保の財政状況を見てみます（表6－17）。令和三年度の収支状況については、国庫支出金精算額等を考慮した精算後単年度収支差引額は六百七億円の黒字となっており、一般会計繰入金に含まれている決算補填等分（六百七十四億円）を除いた場合、六十七億円の赤字となっております。令和二年度の二千五十四億円の黒字から赤字へと転換し、市町村の財政状況は前年に比べて二千百二十一億円の悪化となりました。

〔表 6-17〕 財政状況（市町村国保）

科目		令和2年度 全体	令和2年度（再掲）医療給付分	令和2年度（再掲）介護分	令和3年度 全体	令和3年度（再掲）医療給付分	令和3年度（再掲）介護分	全体の対前年度増減額	全体の対前年度伸び率
		億円	億円	億円	億円	億円	億円	億円	%
収入	単年度収入 保険料（税）	25,417	23,384	2,033	25,015	22,991	2,024	▲401	▲1.6
	単年度収入 国庫支出金	35,231	32,812	2,418	34,472	31,995	2,478	▲758	▲2.2
	単年度収入 療養給付費等交付金	6	6	−	0	0	−	▲6	▲99.6
	単年度収入 前期高齢者交付金	36,250	36,250	−	37,918	37,918	−	1,667	4.6
	単年度収入 都道府県の支出金	10,815	10,136	679	10,967	10,295	672	152	1.4
	単年度収入 市町村の支出金 一般会計繰入金（法定分）	4,589	4,464	125	4,610	4,482	128	20	0.4
	単年度収入 市町村の支出金 一般会計繰入金（法定外）	1,378	·	·	1,281	·	·	▲97	▲7.1
	単年度収入 共同事業交付金	141	141	−	170	170	−	28	20.1
	単年度収入 直診勘定繰入金	1	1	−	1	1	−	▲0	▲19.4
	単年度収入 その他	122,756	119,914	2,812	125,555	122,599	2,956	2,799	2.3
	単年度収入 小計	236,585	·	·	239,988	·	·	3,403	1.4
	基金繰入（取崩）金 財政安定化基金繰入金	131	·	·	484	·	·	353	269.1
	基金繰入（取崩）金 その他	513	·	·	605	·	·	92	17.9
	（前年度からの）繰越金	4,112	·	·	7,664	·	·	3,552	86.4
	市町村債	3	·	·	6	·	·	2	69.2
	財政安定化基金貸付金返還金	3	·	·	3	·	·	▲0	▲3.3
	収入合計（収入総額）	241,347	·	·	248,750	·	·	7,402	3.1
支出	単年度支出 総務費	1,975	·	·	1,955	·	·	▲20	▲1.0
	単年度支出 保険給付費	83,971	83,971	−	87,582	87,582	−	3,610	4.3
	単年度支出 後期高齢者支援金	15,589	15,589	−	15,532	15,532	−	▲56	▲0.4
	単年度支出 前期高齢者納付金	28	28	−	30	30	−	2	6.2
	単年度支出 介護納付金	5,689	−	5,689	5,835	−	5,835	146	2.6
	単年度支出 保健事業費	1,062	1,062	−	1,150	1,150	−	88	8.3
	単年度支出 共同事業拠出金	143	143	−	170	170	−	27	18.9
	単年度支出 直診勘定繰出金	86	86	−	83	83	−	▲3	▲3.6
	単年度支出 その他	123,754	120,907	2,847	128,124	125,164	2,961	4,371	3.5
	単年度支出 小計	232,297	·	·	240,461	·	·	8,164	3.5
	基金積立金 財政安定化基金積立金	593	·	·	864	·	·	271	45.6
	基金積立金 その他	557	·	·	947	·	·	390	70.1
	前年度繰上充用（欠損補填）金	136	·	·	110	·	·	▲26	▲19.0
	公債費	12	·	·	13	·	·	1	7.8
	財政安定化基金貸付金	3	·	·	4	·	·	0	12.0
	支出合計（支出総額）	233,597	·	·	242,398	·	·	8,801	3.8
収支差引額	収支差引合計額（収入総額－支出総額）	7,750			6,352			▲1,399	▲18.0
	単年度収支差引額 A	4,289			▲473			▲4,761	▲111.0
	国庫支出金精算額等 B	▲1,468			1,080			2,548	▲173.6
	精算後単年度収支差引額 A+B	2,821			607			▲2,214	▲78.5
	決算等補てんのための一般会計繰入金 C	767			674			▲93	▲12.1
	決算等補てんのための一般会計繰入金を除いた場合の精算後単年度収支差引額 A+B−C	2,054			▲67			▲2,121	▲103.3
基金積立金等		13,257			14,280			1,023	7.7

（注１）端数の関係上、合計及び収支差がずれることがある。
（注２）数値は、市町村の国保特別会計と都道府県の国保特別会計の合計額であり、市町村及び都道府県から報告のあった決算額を基に作成している。
（注３）前期高齢者交付金、後期高齢者支援金、前期高齢者納付金、介護納付金については、当年度概算額と前々年度精算額を加えたものとなっており、平成29年度の精算は令和元年度に、平成30年度の精算は令和２年度にそれぞれ行われる。
（注４）「精算後単年度収支差引額」とは、当該年度の実質的な収支を見るために、単年度収支差に国庫支出金精算額等を加えたものであり、「国庫支出金精算額等」とは、療養給付費負担金及び療養給付費交付金に係る前年度の精算額を控除し、翌年度に行われる当該年度の精算額を加えた額である。
（注５）「基金積立金等」とは、当年度末における純資産に当年度の国庫拠出金・療養給付費交付金に係る精算額を加えたものである。
ただし、純資産は以下のように計算している。
＊純資産＝（基金等保有額＋次年度への繰越金＋貸付金等＋その他の資産）
-(繰上充用金(当年度赤字額)+当年度末市町村債残高+その他の負債)
（注６）医療給付分と介護分を分けられない科目を仮にすべて医療給付分とした場合、精算後単年度収支差引額は令和元年度で479億円となる。
（注７）一般会計繰入金（法定分）のうち、保険基盤安定（保険者支援分）及び保険基盤安定（保険料軽減分）については、国、都道府県、市町村のそれぞれの負担割合に応じ、国庫支出金、都道府県支出金に振り分けている。
（注８）一般会計繰入金（法定外）については、①決算補てん等目的分と②それ以外分に分類される。
①は主に決算の補てんや保険料の負担緩和等に充てることを目的としている。
②は主に保健事業や事務費に充てることを目的としている。
（注９）都道府県特別会計の単年度収支から国庫支出金精算額を控除した、精算後単年度収支差引額は令和元年度で377億円である。
（注10）「その他」には、市町村と都道府県の特別会計間での出納にかかる額及び国庫支出金等の前年度精算額が含まれる。
（注11）「市町村債」及び「公債費」は市町村に、「財政安定化基金貸付金返還金」及び「財政安定化基金貸付金」は都道府県にかかる科目である。
資料：国民健康保険事業年報

運営協議会
委員のための国民健康保険必携
——改訂30版——

昭和52年7月	初版発行
平成15年5月	改訂11版発行
平成18年6月	改訂12版発行
平成19年6月	改訂13版発行
平成20年7月	改訂14版発行
平成21年6月	改訂15版発行
平成22年6月	改訂16版発行
平成23年6月	改訂17版発行
平成24年6月	改訂18版発行
平成25年6月	改訂19版発行
平成26年6月	改訂20版発行
平成27年6月	改訂21版発行
平成28年6月	改訂22版発行
平成29年6月	改訂23版発行
平成30年6月	改訂24版発行
令和元年6月	改訂25版発行
令和2年7月	改訂26版発行
令和3年7月	改訂27版発行
令和4年6月	改訂28版発行
令和5年6月	改訂29版発行
令和6年6月	改訂30版発行

発行者　髙本哲史
発行所　株式会社 社会保険出版社
本　社　東京都千代田区神田猿楽町1-5-18
〒101-0064 TEL 03-3291-9841(代)
大阪支局　大阪市中央区博労町 4-7-5　本町TSビル
〒541-0059 TEL 06-6245-0806(代)
九州支局　福岡市博多区博多駅前3-27-24　博多タナカビル
〒812-0011 TEL 092-413-7407(代)

・本書の内容等は、原則として令和6年3月末現在のものです。
・本書についての追補等の情報は、当社ホームページに掲載します。
(社会保険出版社ホームページ https://www.shaho-net.co.jp)

ISBN978-4-7846-0372-5　C3032

書籍のご案内

●国保ご担当者の実務にお役立ていただくため、弊社は国保関連書籍の定価を据え置いております。

国保担当者 ハンドブック2024

【令和6年6月発行】
■改訂28版
■A5判／960頁1色
112052

定価 4,620円
(本体 4,200円+税)

国保制度の概要や国庫補助金等を詳しく解説。法律条文等を用いた構成で、国保行政の事業運営機構、国保制度の沿革についても掲載。国保業務に携わるすべての方に必携の一冊です。

後期高齢者医療制度 担当者ハンドブック2024

【令和6年6月発行】
■改訂17版
■A4判／428頁2色・1色
111059

定価 4,840円
(本体 4,400円+税)

後期高齢者医療制度について、制度のしくみや実際の事務処理を中心に解説しています。制度の理解に、ご担当者の業務に、ご活用いただける一冊です。

国保のことば

法文解釈の手引き
2017年3月改訂版

【平成29年3月発行】
■A5判／148頁1色
■発行／公益社団法人 国民健康保険中央会
■発売／社会保険出版社
806013

定価 1,100円(本体 1,000円+税)

国保に関する用語を分かりやすく解説。用語を分野ごとに整理し、これまで以上に使いやすくなりました。今回の改訂版は、平成30年度の国保制度改革で使用される用語を収載し、丁寧に解説した、国保運営業務に携わる方のための必携書です。

市町村担当者必携

介護保険制度 ハンドブック2024

【令和6年6月発行】
■A5判／932頁1色
■監修　中村秀一
（一般社団法人 医療介護福祉政策研究フォーラム 理事長
国際医療福祉大学大学院 教授）
114065

定価 4,620円(本体 4,200円+税)

制度の概要を紹介するとともに介護保険法の条文と関連する施行令・施行規則等を体系的にまとめた解説本です。市区町村等で介護保険の実務に携わるご担当者や新任のご担当者に懇切に対応! 分かりやすく使いやすい構成でリニューアルしました。

介護保険のことば2024 法文解釈の手引き

【令和6年6月発行】
■A5判／152頁1色
■編集協力
　公益社団法人 国民健康保険中央会
807063

定価 1,760円(本体 1,600円+税)

地方自治体などで介護保険の実務に携わる方のための法文解釈の手引書です。介護保険に関する用語を分野ごとに整理し、分かりやすく解説。介護保険を理解するうえで知っておきたい専門用語はもとより、介護保険に関連するさまざまな法令・制度などその周りを取り巻く関連分野の用語も収録しています。

国保保険税（料） 滞納整理の実戦論 （基本編）

【平成16年発行】
■A5判／192頁1色
■著　篠塚三郎(篠塚三郎税理士事務所)
131001

定価 1,650円
(本体 1,500円+税)

著者の長年の経験から得られた、滞納整理に従事する職員が自信とプライドをもって事務を執行するのに必要な、基礎的な知識とノウハウと実際の事例を紹介。

国保保険税(料) 滞納整理 (公売編)

【平成25年12月発行】
■A4判／170頁2色
■著　三島　充
131031

定価 3,080円
(本体 2,800円+税)

公売は滞納処分手続きの最終処分です。公売を実施すれば、滞納者は、自らの財産を失い、その生活に大きな影響を与えます。公売は、準備がすべてです。公売事務を慎重、円滑に執行するための、具体的な手順と実際の公売の仕方を説明します。

国保保険税(料) 滞納整理 (実務マニュアル編)

【平成25年12月発行】
■A4判／212頁2色
■著　三島　充
131041

定価 3,080円
(本体 2,800円+税)

滞納整理とは、法律用語ではありませんが、国保税（料）が未納となった場合、滞納者に自主的な納付を促し、強制的に徴収する事務手続きの実務上の総称です。実際の滞納整理すべてにわたり、具体的な実務及びそのマネジメントを含め、徹底的に解説します。

〈実戦シリーズ〉国保保険税(料)
滞納整理の実戦論
(滞納処分編)

【平成19年発行】
■A4判/180頁2色
■監修　篠塚三郎(税理士)
■著　見島　充
131011
定価 3,080円(本体 2,800円+税)

差押えの仕方は、動産、不動産及び債権の3つの方法をマスターすれば他のさまざまな財産は、その応用です。各種財産の差押えの基礎を学んでいただくための一冊です。実戦シリーズとして、具体的な書式例をあげ、分かりやすく実際の差押えの仕方を説明します。

〈実戦シリーズ〉国保保険税(料)
滞納整理の実戦論
(納税の猶予編)

【平成19年発行】
■A4判/208頁2色
■監修　篠塚三郎(税理士)
■著　見島　充
131021
定価 3,080円(本体 2,800円+税)

納税の猶予制度は、たしかに当初の事務手続きには手間がかかります。しかし、これを惜しんでは納税者と信頼関係を築くことはできません。徴収の猶予制度を適切に運用することも、重要です。実例を挙げ、具体的な手順を分かりやすく説明します。

標準的な健診・保健指導プログラム
[令和6年度版] 巻頭解説収載

【令和6年3月発行】
■A4判/412頁/本文2色
114033
定価 3,850円(本体 3,500円+税)

厚生労働省健康局公表の「標準的な健診・保健指導プログラム　令和6年度版」を書籍化しました。巻頭解説にて、特定健診・特定保健指導導入のあらましを掲載。さらには、第4期の主な変更点を詳解しています。特定健診・特定保健指導のご担当者等必携の保存版です。

特定健康診査・特定保健指導の
円滑な実施に向けた手引き [第4版]
巻頭解説及び参考資料収載

【令和6年5月発行】
■A4判/188頁/本文2色
111095

2024年3月公表
第4.1版に対応

定価 3,080円(本体 2,800円+税)

厚生労働省保険局公表の「特定健康診査・特定保健指導の円滑な実施に向けた手引き」を書籍化しました。巻頭解説にて、第4期の主な変更点等を詳しく掲載。医療保険実務ご担当者、健診機関ご担当者等必携の手引きです。

国保のデータヘルス計画
策定・推進ガイド [第3期版]

【令和5年8月発行】
■A4判/180頁/本文2色
■著　福田吉治
(帝京大学大学院 公衆衛生学研究科
研究科長・教授)
117051
定価 3,080円(本体 2,800円+税)

国保のデータヘルス計画「第2期計画の評価」と「第3期計画の策定」についてすっきりと理解し、データヘルス計画策定と今後の保健事業の推進ができるようサポートする実践的なガイドブックです。

ナッジを応用した保健事業実践BOOK

【令和5年11月発行】
■A4判/88頁カラー
■編著　福田吉治(帝京大学大学院
公衆衛生学研究科 研究科長・教授)
杉本九実(帝京大学医療技術学部
看護学科 非常勤講師)
118031
定価 2,640円(本体 2,400円+税)

知らず知らずに望ましい行動の選択を促すナッジは、保健事業への活用とその効果が期待されています。ナッジを保健事業に生かすためのフレームワークやこれを使った事業の取り組み、その評価方法など、ナッジによる保健事業の実践的ノウハウが詰まったガイドブックです。

生活習慣病のしおり2024
ーデータで見る生活習慣病ー

【令和6年3月発行】
■A4判/62頁カラー・119頁1色
115023
定価 1,540円(本体 1,400円+税)

本書籍は、健康日本21をはじめとする、生活習慣病の重症化予防・生活習慣の改善に関するすべての方々のために作成されたデータ集です。主要な生活習慣病のポイント、関連データなどを網羅的にまとめた実務者必携の一冊です。

がんのしおり2024
ーデータで見るわが国のがんー

【令和6年3月発行】
■A4判/66頁カラー・52頁1色
116024
定価 1,540円(本体 1,400円+税)

今や2人に1人はなるといわれる「がん」。この書籍は、「がん」に対する国の各種対策、さまざまな施策などを多様な視点からまとめてあります。がんに関する各種データなどを取りまとめた、関係者必読の一冊です。